秋史 金正喜 紙本水墨(27.0×22.9cm)
(澗松美術館所藏)

此國香也, 君子也. 이는 국향이고 군자이다.
국향, 즉 나라를 대표할 만한 향기라는 것이나
군자라는 것도 난(蘭)의 별호(別號)이다.

난 소묘 : 김정(원로 서양화가)

2010년 大韓民國蘭展

책을 내면서

　난(蘭)의 도(道)는 심오하여 쉽게 터득하기가 어렵다.
　한마디로 기르기가 어렵다고 하지만 관상(觀賞)이 더 어렵다. 평생 난을 배양하면서 이제야 깨닫는 것은 배양의 목적이 지식에 있지 않고 수양에 있다는 선배의 가르침이다. 선조들이 난을 군자에 비유하고 시화(詩畵)로 즐겨 온 것도 따지고 보면 취미가 아닌 인격 보완의 방편이었음을 알 수 있겠다.
　난은 그 종류가 다양하고 재배 역사가 오래되며 단자엽식물 중에서 가장 진화된 화훼식물이다.
　난에 관심을 가진 사람은 처음에 한두 분을 거실에 두고 감상하다가 난 분수가 차차 늘어나면서 난이 발코니로 옮겨지고 마침내는 난실을 짓기에 이른다. 이쯤 되면 틈만 나면 난가게를 기웃거리게 되고 주말마다 탐란팀에 참가하게 된다.
　이른바 난광이 된 셈이다. 그러나 난을 잘 기르기란 그리 쉽지 않다. 사람들은 자기 나름대로 비법을 말하지만, 난의 생장은 여러 복합적인 요인에 의하여 결정되는 만큼 왕도가 없다.
　동양란을 가까이 한 세월도 벌써 30년이 넘었다.
　초심자 시절에 가장 어려웠던 것은 동양란 배양에 관한 기초 지식은 물론이요, 동양란의 품종과 특성, 그리고 감상의 안내서가 없다는 것이었다. 30년의 세월이 지난 지금에도 사정은 마찬가지여서 동양란의 참모습을 알고자 하는 초심자들의 고충은 여전하다고 할 것이다.

  이러하던 차에 2006년 한국난협회가 창립 30주년 기념행사를 준비하면서 회원들로부터 회원과 지인들이 나눠 볼 수 있도록 동양란 감상 안내서를 한 권 집필해 달라는 권유를 받게 되었다. 나는 학자도 아니요, 지식도 부족하여 굳이 사양하였으나 결국 권에 못 이겨 이 책을 엮게 되었다.

  그러나 막상 시작해 보니 문장력도 지식도 부족하여 매사가 뜻과 같지 않았다. 그리하여 이 책은 어디까지나 나의 경험을 토대로 집필하였다는 점과, 난을 사랑하는 벗들과의 난을 통한 정담(情談)을 나누고자 하는 차원에서 2011년 부족한대로 비매품으로 내놓았다. 그리고 다시 2013년 주변의 용기를 얻어 수정보완 하여 출간을 하고자 한다. 아직 부족하고 오류가 많더라도 너그러이 보아 주시고 잘못된 부분은 질정해 주시기 바란다.

  끝으로 이 책이 나올 수 있도록 지도와 격려를 해주신 한국난협회의 임영무 회장님과 김정 교수, 박규승 학형, 교열해 주신 염호섭 선생, 그리고 회원 여러분께 감사를 드리고, 출판 사정이 어려운 현실에도 불구하고 이 책을 펴내주신 시간의 물레 권호순 사장께 감사를 드린다.

2013년 가을
永宗島에서 景波 成 基 億

추 천 사

　동북아시아의 한자문화권에 포함되는 중국, 한국, 일본의 난 문화를 살펴보면 어딘가 허전함을 느끼게 된다.
　동양란에 한정된 이야기이지만, 중국의 난문화는 11세기 송대(宋代)에 발흥하여 원(元), 명(明), 청(淸)대를 거치면서 난숙하였다.
　종착지인 일본은 가장 늦게 눈떴지만 18세기 에도막부(江戶幕府) 중엽에 이르면 중국란은 물론 자국의 난도 개발하여 다양한 난보(蘭譜)가 간행되는 수준에 이르렀다.
　중간 지점인 한국의 사정은 어떠한가? 15세기 강희안(姜希顔)의 「양화소록(養花小錄)」에 단편적인 기록이 있을 뿐 이렇다 할 기록이나 난보(蘭譜)가 전해지지 않는다. 말하자면 우리나라에서는 일부 사대부계층에서 관념적으로나 즐겼지 난을 배양하거나 연구 개발하는 데에는 관심이 없었던 것이다.
　1960년대 이후 한국의 난문화는 괄목할 만한 성장을 보이고 있으나 아직도 난 배양의 초심자에게 만족할 만한 지침서가 없다는 사실은 매우 아쉬운 일이다.
　왜냐하면 대부분의 출판물이 재배지식이나 품종의 소개에 그치고 있을 뿐 정작 감상의 포인트, 즉 난의 문화적 가치를 놓치고 있기 때문이다.
　이러한 때, 이번에 한국 난협회의 원로인 경파(景波) 성기억(成基億) 선생이 동양란의 종합적 이해에 접근할 수 있는 저서 「동양

란(東洋蘭) 배양(培養)과 감상(鑑賞)」을 펴낸 것은 참으로 고마운 일이다.

저자는 지난 30여 년간 본회의 사무국장, 부회장, 자문위원으로써 난문화 고양에 헌신하였을 뿐 아니라, 특히 동양란에 깊은 애정을 가지고 연구를 거듭하여 일가를 이룬 분이다.

본서의 내용을 살펴보면 난과 식물의 특성에서부터 배양의 묘리를 상세하게 기술하였고, 동양란의 계보와 여러 고전적 품종의 특징, 그리고 감상에서 용어의 해설에 이르기까지 동양란 이해에 필요한 모든 지식이 망라되어 있다.

저자는 본서를 본회의 회원과 친지들을 위하여 상재하였다고 겸손하게 말하지만 난을 사랑하는 이라면 초심자나 전문가를 막론하고 누구나 한번 읽어보아야 할 필독의 난보(蘭譜)이다.

"아는 만큼 즐긴다."라는 속담이 있다. 동양란을 알고자 하는 분들은 이 책의 일독을 통하여 동양란 품종의 역사적 유래와 품종의 특징, 감상의 포인트를 터득함으로써 난 배양의 기쁨이 배가되시리라 믿는다.

2011년 1월

韓國蘭協會

會長 林英茂

| 차 례 |

책을 내면서 / 4
추 천 사 / 6

1. 난(蘭)은 어떠한 화훼식물인가? ·· 11
   1) 난꽃의 기본구조 ··· 11
   2) 난과 식물의 특징 ··· 13
   3) 난 재배의 역사 ··· 14

2. 동양란에 관하여 ·· 16
   1) 동양란이라 부르게 된 경위 ·· 16
   2) 동양란의 특성 ·· 17
   3) 동양란의 종류와 자생분포 ··· 18

3. 동양란의 특징 ·· 24
   1) 뿌리 구조의 특징 ··· 24
   2) 생태적 특징 ·· 27
   3) 생리적 특징 ·· 31

4. 동양란의 재배관리 ·· 36
   1) 입수의 방법과 시기 ·· 36
   2) 식재의 관리 ·· 38
   3) 재배환경 관리 ·· 39
   4) 재배기술 ··· 47

5. 동양란 월별관리 ··· 80
  1) 봄철 재배관리(3월, 4월, 5월) ····························· 80
  2) 여름철 재배관리(6월, 7월, 8월) ·························· 89
  3) 가을철 재배관리(9월, 10월, 11월) ······················· 96
  4) 겨울철 휴면관리(12월, 1월, 2월) ······················· 103

6. 동양란 용어해설 ·· 109

7. 동양란 감상과 명란 ·· 121
  1) 춘란감상(春蘭鑑賞) ·· 122
  2) 한란감상(寒蘭鑑賞) ·· 286
  3) 혜란감상(蕙蘭鑑賞) ·· 297

◆ 참고문헌 / 306
◆ 영문요약 / 307

고창 참란 모습

한국춘란 - 진황색(朱金色)

1. 난(蘭)은 어떠한 화훼식물인가?

1) 난꽃의 기본구조

심비디움(Cymbidium)

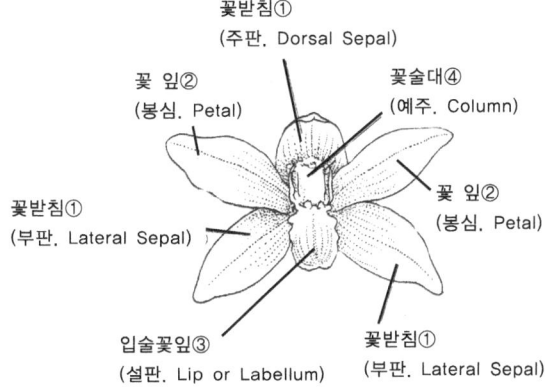

카틀레야(Cattleya)

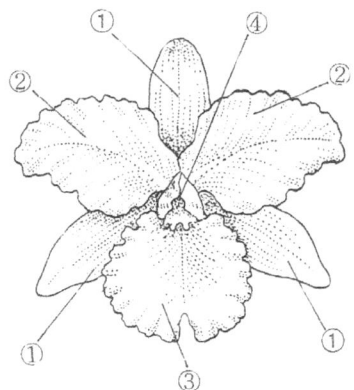

파피오페딜럼(Paphiopedilum)

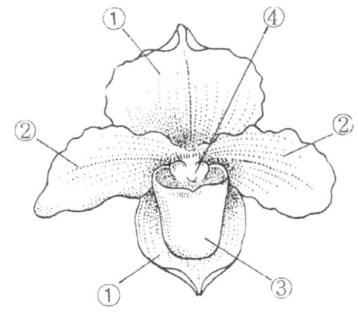

① Sepals(꽃받침) : 보통은 3개 부문으로 대략 같은 크기로 되어 있는데 윗부분과 옆 부분의 잎들로 되어 있는 꽃받침으로 윗부분을 주판(Dorsal sepal, Upper sepal), 양옆을 부판(Lateral sepal, Lowse- pal)이라 부르고 있다.

② Petals(꽃잎) : 3개의 꽃잎 중 중앙 양쪽에 있는 2개의 꽃잎 봉심을 말한다.

③ Lip(Labellum,설판) : 꽃잎 중 하나가 변형된 것으로 입술꽃잎이라 하며, 이곳이 난의 가장 장식적인 곳이다.

④ Column(꽃술대) : 폴리니아(Pollinia), 즉 꽃술대로 울퉁불퉁 거친 표면의 화분괘를 지닌 생식기관을 달고 있는 곳이다.

☀ Sepal은 라틴어의 Separtus "분리되다"의 뜻으로 Separate와 Petalum의 합성어로 꽃잎의 바로 밑부분에 붙어 있는 꽃받침을 말한다. 대부분의 꽃은 초록색 꽃받침이지만 백합이나 난 같은 경우에는 꽃잎과 꽃받침이 같은 색상이어서 혼동되기도 한다.

2) 난과 식물의 특징

난은 800여 속(屬)에 60000여 종(種)이나 되는 많은 종류를 가지고 있는 식물로서 단자엽식물(單子葉植物)에 속하며 지구상의 식물 가운데 가장 많이 진화된 식물군으로 알려져 있다.

영어로 Orchid라 불리는 난의 어원은 그리스어의 Orkitos, 즉 고환(睾丸)이라는 뜻에서 유래된 것으로 난의 가구경(Pseudo-bulb, 假球莖) 모양이 동물의 고환과 비슷하다고 하는 데서 따온 말이다.

난은 꽃과 잎 그리고 벌브, 뿌리로 구성되어 있다. 꽃은 외3판(外三瓣), 내2판(內二瓣) 그리고 설판(舌瓣) 등 6개의 꽃잎으로 이루어져 있다.

잎은 한 구경(球莖)에 적게는 2개에서 많게는 8개의 잎이 마주나고(對生)있다. 벌브(bulb)는 일반식물의 줄기에 해당하며 새싹과 뿌리가 발아되는 곳으로 구근(球根), 가구경(假球莖)이라 표현하기도 한다.

뿌리는 우유 같은 흰색으로 뿌리털이 없이 자라다가 황갈색으로 변한다.

난의 종은 학자에 따라 차이가 있으나 근래 발견된 원예품종까지 포함하면 8만여 종에 이른다고 한다.

감상 가치가 높은 대표적인 속(屬)은 난(蘭)의 여왕이라 불리는 카틀레야(Cattleya)속을 비롯하여 덴드로비움(Dendrobium)속, 파피오페딜룸(Paphiopedilum)속, 심비디움(Cymbidium)속을 합하여 난의 4대 속이라 하며, 팔레높시스(Phalaenopsis)속, 온시디움(Oncidium)속을 더하여 6대속, 반다(Vanda)속, 에피덴디럼(Epidendrum)속을 더하면 8대속이라 하기도 한다.

난과 식물의 분포지는 워낙 광대하지만 카틀레야는 중남미, 파피오페딜룸은 아열대 지방 특히 아시아, 덴드로비움은 오스트렐리아와 아시아, 심비디움은 동남아시아와 동북아시아가 주산지이다.

심비디움은 스웨덴의 식물학자 올로프스왈쯔(Olofswartz)에 의해 18세기 경 발견되어 명명되었으며 대양주와 아시아의 온대로부터 아열대에 이르기까지 광범위하게 자생하고 있다.

심비디움(Cymbidium)의 속명은 꽃의 설판(舌瓣)이 보트모양(Cymbiform) 같다고 해서 붙여진 이름이다. 심비디움 중에서 아열대지방에서 나는 대형종을 서양란이라 하고 온대산(溫帶産)의 소형 심비디움을 동양란이라 부르는데 서양 사람들은 이를 미니심비디움(Mini Cymbidium)이라 부르기도 한다.

3) 난 재배의 역사

① 서양란(西洋蘭)

지중해지방은 현대과학의 탄생지이기도 하지만 서양란 문화의 역사적 요람지이기도 하다.

난은 어떠한 곳에서도 살아갈 수 있는 습성을 지니고 있어 그늘진 곳이나 암벽지대, 늪지대, 나무 등걸 등에 착생(着生)하여 살며 아열대에서 온대까지 세계 여러 지역에 널리 분포되어 있다.

자연 상태에서 번식은 포기번식을 하거나 배젖이 없는 씨는 난균(蘭菌)과 같은 균의 도움으로 발아하여 생장하기도 한다.

18세기 영국의 세력이 동서양으로 넓혀 갈 때에 런던원예협회가 생기면서 난을 수집하기에 이르렀고 아시아, 아프리카, 신대륙, 중남미를 막나하여 영국의 부호들도 따라서 수집에 열을 올리면서 난의 붐이 일기 시작한 것이다.

그 후 인공교배방법이 개발되어 새로운 품종이 생겨나면서 카틀레야(Cattleya), 심비디움(Cymbidium), 시프리페디움(Cypriped-ium)등의 원예적 가치가 있는 교잡종이 대거 탄생하게 되었다.

19세기 중반에 영국의 종묘상인 산더(Sander)씨가 신품종등록제도를 실시하게 되었는데 1961년 이후로는 영국왕실원예협회가 그 업무를 장악하면서 품평회제도를 통하여 우수한 꽃에 상(賞)을 주는 규정도 만들었다고 한다.

그 후로 우수품종이 많이 개발 되었고 대량생산도 가능하게 되어 국제적 거래가 이루어졌다고 한다.

그러나 오늘날 그 많은 서양란의 원종(原種)은 대부분 동남아시아와 중남미에서 채집해 간 품종들이라고 전한다.

난은 다른 꽃들과 달리 암술과 수술의 구별이 없이 예주(蕊柱)에 위, 아래로 같이 붙어 있는 것이 난꽃만의 특징이라 할 수 있다.

② 동양란(東洋蘭)

동양란의 역사는 중국에서부터 시작되었다.

그러나 공자(孔子, 春秋時代) 때부터 당(唐)나라 말기까지 군자의 이미지를 얻고 시(詩)에 등장되었던 난은「향등골나물」이었고, 오늘날 난으로 애완되는 난(蘭)은 이후로 추정된다고 한다. 그 이유는 13세기에 발간된 금장란보(金章蘭譜), 왕씨란보(王氏蘭譜) 등에서 볼 수 있고 특히 황산곡(黃山谷, 1045~1105)의「수죽기(脩竹記)」에서 『一幹一花而 有香者蘭也 一幹六七花而 香不足者蕙也, 蒔以沙石茂沃 以湯茗則芳 是取同也』"한줄기에 한 송이 꽃이 피고 향기가 짙은 것은 蘭이고 한줄기에 예닐곱 송이가 피며 향기가 적은 것은 蕙다, 사석(沙石)으로 심으면 잘 자라고 찻물을 주면 꽃이 향기로우니 함께해 볼만하다"는 기록을 보더라도 송대(宋代)이후의 난이 오늘날의 난(蘭, Orchid)이라는 사실을 확인할 수 있다.

우리나라 난 재배는 고려 말 우왕 때로 보는 것이 보편화 되어 있는 것 같다. 고려중엽에는 송(宋), 원(元)으로부터 사군자(四君子)의 문인화(文人畵)가 들어와 성행하였고 김부식(1075~1151)의 「임진유감(臨津有感)」이나 이인로(1152~1220)의 「파한집(破閑集)」 등에서 난이 시가(詩歌)로 등장했으나 오늘날의 동양란 인지는 의심스럽다.

고려 말기에는 난 가꾸기로 유명한 이정(李廷, 1297~1361)과 그 아들 이거인(李居仁)의 집에는 매(梅), 난(蘭), 국(菊), 죽(竹)의 분재가 항상 같이 하였다고 전한다. 우리나라 묵란화(墨蘭畵)의 역사는 고려말로 추정되는데 왕서침(王瑞琛), 윤삼산(尹三山) 등이 특히 유명하다.

일본 동양란 재배의 역사는 에도막부(江戶幕府. 1603~1867) 중엽부터 성행하기 시작하였다고 한다.

2. 동양란에 관하여

1) 동양란이라 부르게 된 경위

일본에서는 중국 난을 지나란(支那蘭)이라 불렀고 중국에서는 자국난을 양란(洋蘭)이라고 각자 다르게 호칭하고 있었는데, 1963년 4월 중국정부로부터 일본 난을 관상 연구하고 싶다는 제안을 일본애란회가 받아들여 중국대표 장페이한(張非漢) 단장을 비롯하여 쑨핑화(孫平化), 왕야우윤(王堯雲) 등 6명이 2주 동안 일본에 체재하면서 좌담회 석상에서 난의 호칭을 통일할 것을 제의하여 중국, 대만, 일본에서 나는 소형 심비디움, 풍란, 석곡 등을 「동양란」이라 부르기로 합의하고 1963년 5월 1일부터 호칭을 통일하였다.

그러나 지금 와서 생각해 보면 이 호칭은 단순한 애란인들이 각기 다르게 사용하던 명칭을 통일한 것에 불과하였던 것인데 그들은 계속해서「동양란재배관리」,「동양란감상」등 많은 저서에「동양란(東洋蘭)」이라는 용어를 남김으로써 동양란이 마치 동양에서만 나는 것처럼, 또는 다른 난과 대칭이 되는 말로 나타나서 한국에서는 묵화(墨畵)에 나타난 춘란이나 한란만이 동양란인 것처럼 이 용어가 사용하게 되었다.

꽃의 화려함이라든가 향기의 유무라든가 잎의 크기 등으로도 동양란 서양란을 구분 지을 수 없다.

원예로 재배되는 소위 서양란의 대부분이 동양에서 자생하는 것들이라는 사실이며 다만 난의 종주국격인 영국을 비롯한 유럽의 여러 나라에서 채취되어 번식 또는 새 품종으로 개발되어 세계 각국으로 퍼졌을 뿐이다.

2) 동양란의 특성

서두에 언급한 바와 같이 동양란이라는 별도의 난이 있는 것이 아니고 일반 속명(俗名)에 불과하며 한국, 중국, 대만, 일본 네 나라에 자생(自生)하는 소형 심비디움(Cymbidium)이다.

동양란을 난(蘭)과 혜(蕙)로 구분하여 말하는데 이 근거는 송대(宋代) 황산곡(黃山谷)이「수죽기(脩竹記)」에서 언급한 데서 근거하며 이때 난(蘭)은 춘란의 일경일화(一莖一花)를 뜻하는 것이고 혜(蕙)는 한란(寒蘭), 보세(報歲), 옥화(玉花), 소심(素心)을 말 하는 듯하다.

난과 식물은 단자엽식물(單子葉植物)로서 가장 진화된 식물로 알려져 있으며 지구 상 식물종류 중 큰 비중을 차지할 정도로 종류가 많다.

　꽃 모양과 형태가 다양한 특성을 가지고 있고 온대와 아열대의 삼림에 강우량이 년 200㎜정도 되는 지대에 널리 분포되어 있다.

　동양란은 한국을 비롯하여 중국, 대만, 일본의 온대성 기후에 서식 하고 있다. 일반인들은 그중에서도 뿌리를 땅속으로 뻗고 자라는 지생란(地生蘭)을 우리가 얘기하는 동양란이라 부르고 있다.

　꽃은 외삼판(外三瓣, Sepal)과 내이판(內二瓣, Petal) 그리고 한 개의 설판(舌瓣, Lip) 등 6장으로 구성되어 있다. 외삼판은 꽃받침이고 꽃잎은 3장이며 여러 모양으로 발달된 설판을 보거나 암술과 수술이 한데 모인 비두(鼻頭, 蕊柱, Column)를 보더라도 많은 진화의 여지를 알 수 있다.

　향은 유향(幽香)으로 맑아서 주위를 조용하게 하고 번잡을 용납하지 않으며 잎과 꽃과 향은 정숙한 분위기를 갖게 하는 멋을 지닌 꽃으로 우리에게 좋은 취미를 안겨 준다.

3) 동양란의 종류와 자생분포

① 동양란의 종류

　동양란을 관상의 대상에서 본다면 화예품과 엽예품으로 구분할 수 있고 꽃송이의 수량으로 구분한다면 난과 혜로 구분할 수 있다.

　또 생태학적으로 분류한다면 착생란과 지생란으로 말할 수도 있으나, 식물학적으로 분류하면 심비디움속, 덴드로비움속, 네오피네티아속, 에리데스속 등 4개속의 일부가 동양란에 속한다.

　그러나 일반적으로 서양사람들은 이 심비디움속을 미니심비(Mini-cymbidium)이라 부르기도 한다.

❶ 심비디움속(Cymbidium 屬)

A. 春蘭 ─┬─ 한국춘란 = 색화, 복륜화, 소심. 기화, 엽예품
　　　　├─ 일본춘란 = 색화, 복륜화, 소심, 기화, 엽예품
　　　　├─ 중국춘란 ─┬─ 一莖一花 ─┬─ 梅花瓣 = 宋梅
　　　　│　　　　　　│　　　　　　├─ 荷花瓣 = 大富貴
　　　　│　　　　　　│　　　　　　├─ 水仙花瓣 = 龍字
　　　　│　　　　　　│　　　　　　├─ 素心花 = 文團素
　　　　│　　　　　　│　　　　　　├─ 色花 = 朱春醉
　　　　│　　　　　　│　　　　　　├─ 絲蘭系 = 白花絲蘭
　　　　│　　　　　　│　　　　　　├─ 奇花 = 綠雲
　　　　│　　　　　　│　　　　　　└─ 覆輪花 = 富水春
　　　　│　　　　　　├─ 一莖九華 ─┬─ 梅花瓣 = 南陽梅
　　　　│　　　　　　│　　　　　　├─ 素心 = 如意素
　　　　│　　　　　　│　　　　　　└─ 其他 =
　　　　│　　　　　　└─ 春寒蘭 - 浩德之花, 一條之譽
　　　　└─ 대만춘란 = 雪蘭, 絲蘭, 鼻亞南蘭 阿里山春蘭

B. 寒蘭 ─┬─ 한국한란 = 제주한란 - 靑花, 紫花, 無舌点
　　　　├─ 중국한란 = 滿月, 峨眉山
　　　　├─ 일본한란 = 土佐寒蘭, 九州寒蘭, 紀州寒蘭,
　　　　│　　　　　　 日向寒蘭, 薩摩寒蘭
　　　　└─ 대만한란 = 白鶯, 流雪香

C. 蕙蘭 ┬ 廣葉蕙蘭 ┬ 中國報歲 - 桑原晃
　　　 │　　　　├ 臺灣報歲 - 新高山, 大勳, 愛國, 養老
　　　 │　　　　└ 大明蘭 - 金華山, 大明殿, 鳳凰
　　　 └ 細葉蕙蘭 ┬ 玉花蘭 - 明玉, 爪玉花
　　　　　　　　 ├ 素心蘭 - 觀音素心, 雲華素心, 大屯素心,
　　　　　　　　 │　　　　 龍岩素心
　　　　　　　　 ├ 赤芽素心 - 蓬萊之花
　　　　　　　　 ├ 駿河蘭(雄蘭) - 福建余邊, 大黑
　　　　　　　　 ├ 漳蘭(雌蘭) - 司黃晴, 雌蘭黃
　　　　　　　　 ├ 建蘭 ┬ 福建金邊-貴寶
　　　　　　　　 │　　 └ 大黑 - 天司晃
　　　　　　　　 ├ 燒葉蘭 - 殘雪, 金晃簾
　　　　　　　　 ├ 古今輪 - 旭, 玉錦, 銀世界
　　　　　　　　 ├ 新古今輪 - 新世界
　　　　　　　　 ├ 岩古今輪 - 日光, 晃旗
　　　　　　　　 └ 小蘭 - 小蘭爪, 小蘭中縞

D. 金稜邊蘭 ┬ 白花系 - 白雪
　　　　　 └ 赤花系 - 日月, 月章

E. 寒鳳蘭 = 寒鳳蘭

❷ 덴드로비움속(Dendrobium 屬)
　 A. 石斛(長生蘭)

❸ 네오휘네티아속(Neofinetia 屬)
　 A. 風蘭(富貴蘭, 소엽풍란)

❹ 아리데스속(Aerides 屬)
  A. 나도풍란(대엽풍란)

② 동양란의 자생분포

온대와 아열대지방이 원산지인 대부분의 심비디움속은 호주, 인도네시아, 말레이시아, 인도, 히말라야, 중국 남부 등지에서 자생하고 있다. 동양란은 한국, 중국, 대만, 일본 등의 온대지방에서 자생하고 있다. 춘란은 주로 적송(赤松)과 같은 침엽수림 아래, 소심종류는 활엽수 아래 반 양지, 한란, 보세종류는 반음지에서 자생하고 있다.

▶한국의 자생분포

우리나라의 여름은 고온다습한 태평양 기후의 영향을 받고 겨울은 혹한의 건조한 대륙성 기후의 영향을 받아 편차가 심한 기후에서 자생하고 있다.

난의 종류로는 춘란을 비롯하여 100여 종에 달하고 있으나 원예적 가치가 있는 것은 춘란, 한란, 풍란, 나도풍란, 석곡, 복주머니란, 자란, 광릉요강꽃, 새우란 등 20여 종에 이른다.

춘란은 위도상으로 30~38°선에 위치한 곳에 자생하고 있으나 내륙지방의 한계선은 37°선인 추풍령 이남이며, 서해안의 북쪽은 황해도 장산곶까지고, 동해안의 북방한계는 고성, 간성에서도 춘란이 자생하고 있음이 확인되었다.

춘란이 많이 자생하는 지역은 서남쪽 해안지방으로 해안선을 따라 전라남북도, 경남, 충남, 경북의 일부지방이다.

제주도는 천연기념물 191호인 한란을 비롯하여 춘란, 새우란 등

수십 종이 자생하는 난의 보고라 할 수 있다.

동양란 중에서 가장 분포가 넓은 것은 춘란으로 한국춘란도 예외가 아니다.

서북풍이 불어주는 해안지방은 대체로 춘란이 많이 자생하고 있으나 대개는 일반적인 보춘화(報春花)로서 원예적 가치가 없는 것들이고 어쩌다 귀하게 색화나 엽예품이 발견되고 있다.

한란은 극히 제한된 곳에서 발견되어 제주도라 하더라도 한라산 비자림에 국한되어 발견되고 있다.

한국뿐만 아니라 일본에서도 춘란의 꽃을 말하라면 단연 중국 춘란을 꼽는다. 중국에서는 꽃의 자태가 좋은 춘란을 골라서 명명하고 가꾸어왔다.

일본에서는 일찍부터 일본춘란을 발견하여 화색, 잎 무늬 등을 선별하여 배양해왔다. 그 이유는 일본의 독특한 원예식물인 만년청(萬年靑)과 같은 발상의 근원에서이다.

한국도 70년대 후반부터 많은 난이 발굴되고 명품들이 사랑을 받아 오고 있다. 한일자 피기(平肩)나 가는 꽃대(細幹)가 존중되고 인정받는 이유는 중국춘란의 특징을 본떠 내려온 관습으로 볼 수 있다.

▶중국의 자생분포

기온이 낮고 다습한 기후의 조건으로 위도15~30°선에 위치한 저장성(浙江省), 첸탕강(錢塘江) 유역을 중심으로 항쩌우(抗州), 샤오쩌우(紹州), 샤오씽(紹興), 위야오(餘挑) 등지가 춘란의 자생지로 꼽히고 혜란(蕙蘭)과 소심(素心), 건란(建蘭)류들은 푸젠성(福建省)을 중심으로 부영링산맥(楓嶺山脈) 이남지방의 용안(永安), 롱엔(龍岩), 첸저우(泉州), 가오촨(高川) 등에서 많이 자생하고 있음을 볼 수 있다.

▶대만의 자생분포

고온다습한 더운 지방으로 해발 1000m 이상의 고지대인 난후따산(南湖大山), 츠까우(次高) 등에서 춘란이 자생하고 혜란종류는 해발 400~800m에 자생하고 있다고 한다.

▶일본의 자생분포

일본은 홋카이도(北海道)를 제외한 북쪽 아오모리(青森)에서부터 남으로는 큐슈(九州)에 이르기까지 전 국토에 분포 자생하며 특히 춘란은 나가노현(長野縣), 사이타마현(埼玉縣), 치바현(千葉縣), 시즈오카현(靜岡縣) 등 여러 곳에 자생하고 있다. 한란은 큐슈(九州), 토사(土佐), 히우가(日向), 사츠마(薩摩) 등에서 유명한 난들이 많이 채집되었으며 추란(秋蘭)인 소란은 큐슈(九州) 서해지방에서도 발견되었다.

춘란자생지분포도

3. 동양란의 특징

1) 뿌리 구조(構造)의 특징

일반적으로 식물은 뿌리와 줄기 그리고 잎으로 구성되어 있음은 잘 알고 있는 사실이다.

동양란인 지생란(地生蘭)은 줄기가 변하여 가구경(假球莖, Pseudobulb)의 형태로 존재하며 이 구경에서 잎눈(新芽)과 꽃눈(花芽) 그리고 뿌리(新根)등이 발아되어 생장하게 된다.

뿌리의 구조가 일반식물과는 형태와 기능이 크게 다른 구조적 특징과 생리현상을 가지고 있어 그 기능을 이해하는 것이 난을 재배하는 전부라 말할 수 있다.

난(蘭) 뿌리는 피층(皮層)과 표피(表皮)의 구조가 이중(二重)으로 되어있고 기생균(寄生菌)을 보유하고 있는 해면조직(海綿組織)의 특수성 때문에 뿌리관리는 매우 중요한 일이 된다.

① 표피(表皮)

일반식물은 세포의 일부가 가늘게 나와 뿌리털(根毛)이 되어 토양에 직접 접촉하여 양분과 수분을 흡수한다.

난(蘭) 뿌리는 뿌리털이 없고 난균(蘭菌)에 의한 간접흡수방법으로 생장하는 것이 일반식물과 다르다.

또 공중에 노출되어 수분증발이 일어날 경우에는 점교질(粘膠質, Pectin)이 근피(根皮)를 감싸 수분증산을 막아주는 기능도 가지고 있어 난 뿌리는 대기 중에 노출되더라도 생존에 아무 문제가 없다.

② 피층(皮層)

표피의 안쪽에 자리한 조직으로 난과식물(蘭科植物)의 특징인 해면체조직(海綿體組織)으로 되어 있다.

그 속에 활성기생균(活性寄生菌)인 난균이 기생하여 산소를 필요로 하는 관계로 난 뿌리를 기근(氣根)이라 말하기도 한다.

관수(灌水)할 때 뿌리가 물을 충분히 흡수 저장하였다가 다음 관수 때까지 이용하면서 생장한다.

이때 수량(水量)이 부족하게 되면 필요한 만큼 뿌리를 신장(伸張)하여 저수량(貯水量)을 늘리게 되므로 관수하는 시기조절이 뿌리를 키우는 일이 된다.

따라서 난을 키우는 것은 뿌리 키우기에서부터 시작된다고 할 수 있다.

우리는 이 성질을 이용하여 난분(蘭盆)을 작은 것을 사용하고 관수를 조절함으로써 뿌리신장을 크게 할 수 있으므로, 뿌리 자람이 좋으면 잎이 잘 자라기 때문에 난을 잘 키우는 비법은 뿌리 키우기에 있다고 하는 것이 된다.

③ 중심주(中心柱)

일반적으로 쌍자엽식물(雙子葉植物)에서는 이 중심주에 있는 유세포(柔細胞)로부터 점차로 분열하여 2차비대(二次肥大)하지만 단자엽식물(單子葉植物)인 난은 뿌리가 2차비대하는 일이 없이 처음부터 같은 굵기로 신장하게 된다. 이 중심주 안에 있는 사관부(篩管部, Phloem)로 양분과 수분이 통하게 된다.

사관부라는 것은 식물체에서 양분의 통로가 되는 인피부(靭皮部)에 있는 길고 가느다란 관모양의 조직(SieveTube)을 말한다.

인피부라는 것은 쌍자식물(雙子植物) 또는 나자식물(裸子植物) 따위에 있어서 형성층의 세포의 분열에 의하여 바깥쪽에 이루어진 사관부를 말한다.

심비디움 뿌리구조

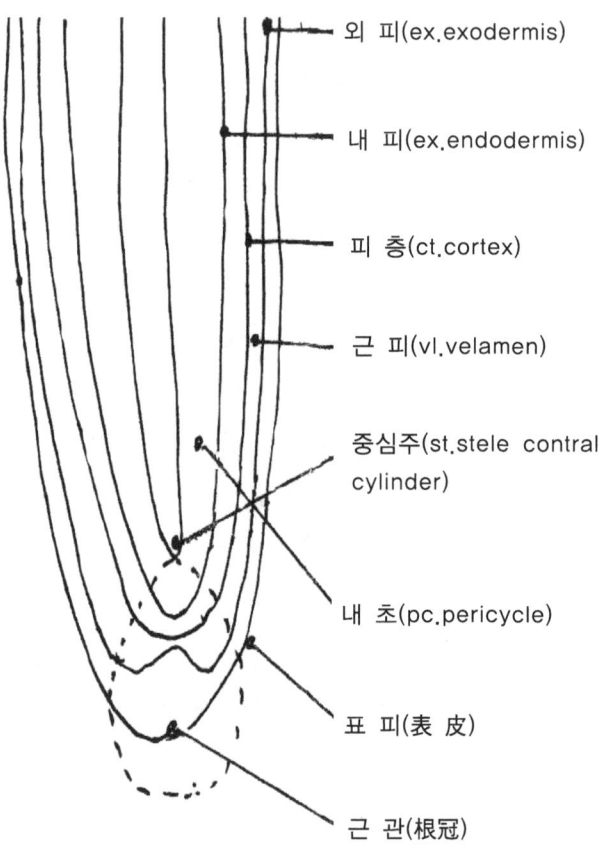

④ 근관(根冠)

뿌리의 생장점을 둘러싸서 보호하고 있는 연한 세포로서 난과 식물도 다른 식물과 대체로 비슷하다.

난 뿌리의 근관은 이중구조로 굵은뿌리를 보호하고 있기 때문에 다른 식물에 비해 상당히 크다. 난 뿌리의 생장점은 원근관(原根冠), 원피층(原皮層), 원표피(原表皮), 원중심주(原中心柱)의 4부분으로 형성되어 있는 것을 보더라도 대단히 진화된 식물이라 할 수 있다. 특히 착생란(着生蘭)의 경우에는 뿌리의 발달과 강인함은 대단하여 지나친 건조와 지나친 습도에도 견딜 수 있는 근피(根皮)와 피층(皮層)을 가지고 있는 특징이 있다.

2) 생태적(生態的) 특징

난은 잎과 가구경과 뿌리로 구성되어 있으며 자생지에서 관찰해 보면 뿌리는 땅속 수직으로 파고들지 않고 지표의 부엽토와 이끼 등을 덮고 옆으로 뻗어 살고 있어 뿌리가 공기를 좋아하는 호기성(好氣性) 식물이라는 것을 말해준다. 난 뿌리는 외형상으로 보면 가락국수 모양이고 우유빛 백색(乳白色)으로 탐스럽게 생겼다.

1년 정도 지나면 황갈색(黃葛色)으로 변하는데 이 전체를 우리는 뿌리라고 말한다.

그러나 실제로는 그 속에 철사 모양의 관(管)으로 된 것이 뿌리이며 이 뿌리에는 표피가 변화된 해면체(海綿體)가 둘러싸고 있고 그 해면체에 수분과 영양분을 저장하고 있다.

일반식물의 뿌리는 세포증식에 따라 점차 분열하여 2차비대(二次肥大)해 가는 관계로 뿌리의 길이에 따라 굵기가 다르다.

난 뿌리는 2차비대작용이 없기 때문에 처음부터 같은 굵기로 신장(伸張)하는 특징이 있고 땅 속으로 뻗지 않고 지표에 적응해서 뻗으면서 자란다.

일반식물의 뿌리에는 뿌리털이 있어 그 뿌리털이 토양(土壤)과 밀착하여 수분과 양분을 흡수한다. 난 뿌리는 토양이 아닌 난석(蘭石)이나 대기 중에서 뿌리 피층에 난균(蘭菌, 活性寄生菌)과 공생하면서 양분을 얻어 해면체에 저장해 두고 필요에 의해 수급(需給)을 조절하는 기능을 갖추고 있는 것이 일반식물 뿌리와 다른 점이다.

그러므로 난 화분내의 공기흐름이 좋지 않거나 노폐물(老廢物)이 고여 있으면 호흡곤란을 일으켜 뿌리가 흑갈색(黑褐色)으로 변하면서 썩어버리게 된다.

다시 말해서 난 뿌리는 호기성(好氣性)이고, 과농도의 염분(비료)에 약하고, 한번 망가지면 재생이 불가능하다는 3가지 점을 깊이 새겨 주의할 점이다.

뿌리의 기능에 대하여는 재배관리에서 다시 자세하게 설명을 하기로 하고 뿌리는 지상부(地上部)의 잎과 달라서 지상부가 생장을 정지해도 뿌리는 생장과 수량의 증식을 계속한다.

그것은 큰 포기가 된 춘란을 자세히 관찰해 보면 뿌리의 순차적인 노화과정을 볼 수 있고 뿌리의 수가 많아짐을 알 수가 있으며 한란에서도 이와 같은 현상을 볼 수가 있다.

동양란은 잎이 가냘프고 섬세하게 자라서 곡선(曲線)의 멋과 아름다운 무늬 등 다양한 모습이다.

5년 이상을 감상(鑑賞)하게 되므로 흠집이나 상처, 반점이 생기면 관상(觀賞)에 티가 되므로 관리에 주의해야 할 점이다. 특히 춘란은 거치(鋸齒)가 있어 강한 바람에 잎과 잎이 스치면 상하게 될 수 있으므로 염려를 해야 한다.

 춘란 잎은 두텁고 유연하며 강직성이 있어 잘 부러지지 않으며 한 포기에 적게는 2~3장에서 많게는 6~7장의 잎을 가지게 되나 보통은 4~5장으로 포기를 이루며 서로 대칭이 되게 자라고, 잎 모양은 중수엽(中垂葉)이 많다.

 새싹이 나올 때는 선자색(先紫色), 자록색(紫綠色) 또는 붉은색으로 나오나(出芽) 자라서는 농록색(濃綠色)이 많다.

 광택이 있고 잎 폭은 1cm 전후, 길이는 15cm 정도이나 대형은 폭과 길이가 이보다 훨씬 큰 것도 있다.

 특히 잎무늬 종(種)은 여러 형태의 무늬가 발현(發現)되어 엽예품(葉藝品)으로 사랑을 받는다.

 새싹은 가구경(假球莖, Pseudo-bulb) 아래로부터 움이 트지만 춘란의 꽃눈(花芽)은 가구경의 치마잎을 헤치고 8월 하순부터 나오는 것을 볼 수 있다.

 춘란의 꽃눈은 맺힌 지 6개월을 지내고 한기(寒氣)를 이겨내고 서야 봄의 따스한 기운과 함께 꽃대를 신장(伸張)시켜 3월에 아름다운 꽃을 피운다.

 만약에 추운 겨울을 만나지 않고 겨울에도 15℃ 이상의 고온상태에서 재배한다면 꽃봉오리는 신장되지 못하며, 포의(胞衣)나 잎의 영향 때문에 그대로 말라서 피지도 못하는 것을 종종 볼 수가 있다.

 일조량(日照量)이 많고 관수(灌水)를 더디게 하면 화아가 촉진되며 이 화아분화시기(花芽分化時期)에는 칼륨(K)비료를 주어 보조한다.

 춘란은 일경일화(一莖一花)가 보통이지만 일경다화(一莖多花)도 있다. 일화(一花)라는 것도 실은 다화성이 퇴화된 것인데 그 흔적(痕迹)이 남아있다.

꽃의 혀(舌瓣)는 아래로 처져있으며 혀끝은 뒤로 살짝 말려 있는 것이 많다.

대부분 백색이나 황색바탕에 홍자색의 점을 보이고 있으나 드물게는 점이 특이한 것도 있다.

또 전혀 점이 없는 것이 있어 이를 백화(白花) 또는 소심(素心)이라 부르며 그 가치를 높이 평가하기도 한다.

특히 한란에서의 소심은 흔하지 않아서 귀중하게 여기고 있다.

그러나 꽃이 백화이거나 혀에 점이 없다 하더라도 기부를 세심하게 관찰할 필요가 있다.

왜냐하면 생장호르몬이 파장(波長)의 단광에 따라 파괴되어 그렇게 보일 수도 있고 다른 하나는 빛의 조명시간에 따라 백색으로 보일 수 있기 때문에 많은 주의를 하여 관찰해야 한다.

소심 외에도 복륜화, 적황화, 홍화 등의 색화가 있고 기형화도 있으나 만약에 춘란에도 도화나 하늘색 같은 청화가 있다면 얼마나 좋을까 하는 생각을 하게 되며 잎에도 여러 가지 무늬가 들어있는 춘란이 많이 있다.

가구경으로부터 새싹이 나면서 그 새싹에 뿌리가 나오게 되는데 그 뿌리가 여러 개 모인 곳을 띠(篠)라고 하여 가구경과 가구경 사이를 연결하고 있다. 마치 잔디가 옆으로 뻗어가는 모양을 하고 있으나, 화분 속에서는 서로 엉켜 있어 아무데서나 새싹이 나오는 것 같은 느낌을 준다.

춘란 중에도 일경구화(一莖九華)는 가구경이 없는 것 같이 느낄

※ 적황화 = 주금화

정도로 가구경이 작으나 뿌리가 굵기 때문에 가구경이 작아도 성장에 무리가 없다.

난은 신포초(辛抱草)라 할 만큼 괴로움을 견디어 내는 인내력을 가진 화초이다.

새싹은 치마잎에 둘러싸여 보호받고 있기 때문에 새싹이 건전하게 형성되려면 치마잎 또한 건강해야 한다.

여름철 도시의 밤 온도가 30℃를 넘을 때는 일시적으로 생육이 정지되었다가 서늘한 가을이 오면 다시 성장을 시작하여 서리가 오기 전까지 크게 자란다.

서리가 오는 때부터 내년 봄 까지는 다시 휴면하는 상태로 지나게 된다.

3) 생리적(生理的) 특징

난도 일반식물과 같이 탄소동화작용을 하는 것은 물론이고 호흡작용과 증산작용을 하여 자신을 보호하면서 생장하게 된다.

① 증산작용(蒸散作用)

뿌리로부터 흡수하여 잎으로 보내진 물이 잎살(갯솜조직)의 세포 속에서 광합성의 원료와 여러 가지 작용에 이용되고 남은 여분의 물이 수증기로 변하여 증발하게 되는데 이 현상을 증산작용이라 한다.

증발은 잎의 기공을 통해서만 가능하며 이 기공의 생리적 현상에 의해 증발량이 조절된다. 기공의 개폐는 낮에 햇빛이나 열(熱), 바람 등에 의해 열리고 밤에는 닫힌다.

또 탄산가스(CO_2) 농도가 0.03%일 때 닫치고 그 이하가 되면 열리며 0.01%에서도 기공은 닫친다.

잎 표면이 복사에너지로 인해 높아진 증기압을 해소하기 위해 수분을 공중으로 발산해야 하는데 그렇지 못하면 일사(日射, Sunstroke)가 일어난다.

때문에 높은 증기압으로 만들어진 수증기를 잎의 숨구멍을 통하여 공중으로 발산하는 증산작용을 하게 되며 숨구멍(氣孔)은 잎 뒷면에 있다.

뿌리에 저수량이 많으면 잎에서 증산작용이 활발히 이루어지고, 저수량이 적으면 증산작용이 억제되며 기공이 폐쇄되므로 탄산가스가 기공을 통하여 엽록소로 전달되지 못한다.

따라서 광합성은 이루어지지 않는다. 그러므로 너무 건조하면 난이 자라지 않는 요인이 되는 것이다.

잎에 흡수된 복사에너지는 일부만 광합성을 위해 쓰이고 나머지는 열로 변해 잎의 온도를 높이는 결과가 된다.

장시간 직사광에 노출하게 되면 난은 약해진다. 특히 새싹인 경우에는 더욱 그러하다.

반음지식물인 난이 차광을 꼭 필요로 하는 것은 이와 같은 이유 때문이다.

② 탄소동화작용(光合成作用)

녹색식물이 광(光)에너지를 이용하여 뿌리로부터 얻은 물과 잎을 통해 들어온 탄산가스를 이용하여 엽록체에서 탄수화물을 만드는 작용을 말한다.

이때 산소가 발생하여 방출된다. 다시 말해서 이산화탄소 같은 무기물이 유기화합물로 만들어지는 과정을 말하는 것이다.

이는 식물체를 구성하는 각종 성분과 생장하기 위한 정력에너지의 근원이 되는 것이다.

식물은 이 탄소동화작용으로 생장을 하게 되는 것이며 난은 뿌리의 형태와 흡수방법이 다른 식물과 다를 뿐이다.

잎의 세포 속에 많이 들어있는 엽록체 속의 엽록소(Chlorophyll)라는 물질이 빛에너지를 흡수하여 전자를 이탈시키는 반응을 한다.

이런 반응을 거듭하는 동안에 생성된 포도당이 일부는 식물체가 필요로 하는 각종 탄수화물로 전환되어 식물체의 구성성분이 되는 것이다.

따라서 식물은 탄소동화작용으로 생장하고 있으며 햇빛이 있는 낮에 만이 작용을 할 수가 있다.

온도 28~29℃ 전 후에서 가장 왕성하다고 한다.

> 물 + 이산화탄소 → 포도당 → 녹말 + 산소
> ($12H_2O$ + $6CO_2$ → $C_6H_{12}O_6$ + $6H_2O$ + $6O_2$)

③ 호흡작용(呼吸作用)

식물체내의 유기물질인 탄수화물이 산소와 만나 산화되어 에너지를 얻으면서 수분과 탄산가스를 방출시키는 일을 하는데 이 작용을 호흡작용이라 말한다.

광합성작용은 태양이 있는 낮에만 이루어지고 호흡작용은 주·야로 행하여진다.

광합성이 수입이 된다고 보면 호흡은 지출이 된다. 따라서 수입이 지출보다 많아야 저축을 할 수 있듯이 난을 잘 키우는 방법도 광합성을 늘리거나 호흡작용을 줄이는 연구일 것이다.

호흡작용은 온도에 절대적 영향을 받으므로 온도가 낮을 때는 모든 작용이 적어지다가 30℃가 넘으면 호흡, 광합성 모두 크게 증대된다. 그러나 공기 중에는 탄산가스가 0.03%밖에 없기 때문에 광합성은 무한정으로 늘릴 수가 없고 호흡작용은 더 크게 계속 증대될 수가 있다.

수입보다 지출이 늘어나게 되므로 낮은 높은 온도에서는 성장이 둔화한다는 것을 알 수 있다. 이러한 온도의 불균형이 아니더라도 광합성은 낮에만 이루어지고 호흡작용은 주·야로 행하여진다. 따라서 호흡작용을 억제하려면 낮과 밤의 온도 차이를 크게 하여 호흡작용을 낮추어야 한다는 연구결과가 나와 있다.

그러나 생육기에는 식물이 계속 활동해야 하므로 밤이라 해도 활동하지 않으면 안 되기 때문에 생장에 영향을 주지 않기 위해서는 최저온도가 15℃ 이하가 되지 않도록 주의해야 한다.

결과적으로 탄소동화작용에 필요한 햇빛은 많은 양이 아니므로 아침 햇빛을 4~5시간 채광하면 되는 것이다.

온도가 높으면 호흡작용이 증대되어 생장이 둔화한다. 따라서 30℃를 넘지 않도록 햇빛을 조절하는 것이 필요하다.

$$\text{당} + \text{산소} = \text{이산화탄소} + \text{물} + \text{화학에너지}$$
$$(C_6H_{12}O_6 + 6O_2 = 6CO_2 + 6H_2O + 746Cal)$$

관수하는 것은 수분을 공급 이외에 뿌리가 호흡할 수 있도록 산소를 공급하고 화분 속 온도를 저하시키는 역할을 한다.

난은 채광이 매우 중요하다.
　중국춘란의 경우에는 6,000~8,000룩스 정도, 한국춘란, 일본춘란은 8,000~10,000룩스, 한란은 5,000~6,000룩스, 보세류는 4,000~5,000룩스의 광량을 필요로 하며 하루 4~5시간 채광해 주는 것이 적당하다고 여겨진다.
　난이 햇빛을 가장 두려워 할 때는 원기가 약해져 있을 때와 분갈이한 다음 뿌리가 활착하지 못한 때라고 생각된다.
　햇빛과 물, 비료와 통풍 어느 것 하나 쉬운 것이 없는 것이 배양이다. 물론 자연이라고 해서 다 잘 자라는 것은 아니다. 알면 알수록 깊이와 폭을 가름 할 수 없어 40년을 경험한 지금에도 고개가 갸우뚱해진다.

又峰 趙熙龍 蘭生有芬
地本水墨 (44.5×16.3cm)

4. 동양란의 재배관리

1) 입수의 방법과 시기

 난을 입수하는 방법은 난 상점에서 구입하는 방법과 동호인에게 분양 받는 방법으로 구분할 수 있다.

 어떠한 방법으로 난을 입수하게 되더라도 다음의 몇 가지를 유의하지 않으면 안 된다.

 첫째, 꽃을 보고 입수할 것을 권한다.

 그 이유는 품종의 특성인자를 지니고 있는지를 확인해야 하기 때문이다.

 둘째, 건강하고 튼튼한 난을 선택하여야 한다.

 지나치게 잎이 검푸르면 비료 과다로 웃자람(徒長)이 아닌지, 포기(株) 당 잎 장수가 4~5장 이상이 되는지를 살펴보고 웃자란 난은 잎만 길고 가구경(假球莖)이 작으며 연약하다.

 셋째, 가구경이 충실하고 포의(苞衣)가 싱싱하며 한 떨기에 묵은 포기보다 새포기의 수가 많은 것을 선택하여야 한다.

 가온(加溫)으로 재배된 난은 잎이 좋아 보이나 가구경이 작고 연약하다. 가구경이 충실하지 못하면 새싹을 틔우는 데나 꽃을 피우는 데도 힘이 부족하여 연약하게 된다. 포의는 가구경을 보호하는 역할을 하게 되므로 지저분하거나 썩은 것은 병균이나 해충의 침입을 받을 수가 있으므로 싱싱하고 마르지 않아야 한다.

 넷째, 뿌리는 싱싱하고 유백색(乳白色)이며 생장점에 반들반들

윤기가 흐르는 것이 좋다.

  오래된 뿌리는 황갈색(黃葛色)으로 변하지만 그중에도 검은 색이 많거나 뿌리 끝의 근관(根冠)이 썩은 것은 좋지 않다.

  춘란 뿌리는 부러지거나 흠이 생기면 재생되지 않기 때문에 세심한 관찰을 요한다. 끝으로 최소한 3포기(株) 이상을 한분(1盆)으로 배양하는 것을 원칙으로 하고 입수한다.

  재배에 자신이 생기면 고가의 난은 한 두 포기로 배양하기도 한다. 적은 포기로 오래 기다려 번식시키는 것보다 큰 포기를 배양하여 분주하는 것이 재배의 기쁨을 더 할 수 있다.

  다시 정리 한다면

① 가구경이 굵어야 한다.

② 잎 장수가 많아야 한다.

③ 잎에는 광택이 있어야 한다.

④ 포의가 마르지 않아야 한다.

⑤ 새싹 쪽의 포기를 구한다.

⑥ 뿌리가 상하지 않고 마디 즉 굴절이 적은 것을 택한다.

  난을 입수하는 시기는 반드시 꽃을 보고 그 난의 특징을 나타내고 있는지를 확인하고 입수하는 것을 원칙으로 하여야 한다.

  중국춘란과 같이 오랜 세월동안 재배되어 온 경우에는 특별한 변화가 없다.

  하지만 한국춘란의 색화(色花)같은 경우는 많은 변화를 가져올 수 있으므로 세심한 검토를 요한다.

2) 식재의 관리

일반적으로 모든 식물은 토양에 심어져 자라고 있다.

이 토양 속에는 육안으로 볼 수 있는 생물을 비롯하여 눈에 보이지 않는 미생물에 이르기까지 많은 생물이 함께 생활하고 있는 공간이다.

원래의 토양은 사질 내지는 점토광물이나 여기에 동식물의 사체가 미생물의 분해작용으로 변하여 무기질의 영양분을 함유하게 된다.

난은 토양이 아닌 배양석에서 자라고 있어 배양방법이 다르다. 특히 난은 뿌리 속에 공생하는 기생균(寄生菌)을 보유하고 있어 산소가 없거나 부족하면 질식해서 죽어버린다. 때문에 산소가 부족하게 되면 뿌리가 썩는 원인이 된다.

이러한 까닭으로 난분(蘭盆)은 난의 주거생활 공간이 되므로 많은 종류의 난분 중에 어떤 난분을 택하느냐 하는 것은 매우 중요한 일이다. 난분에는 대량증식을 목적으로 사용되는 재배 전문용 난분과 애란인이 관상을 취미로 기르는 난분으로 구분할 수 있다.

여기서 논의되는 난분(蘭盆)은 관상용 난분에 대하여만 말씀드리고자 한다.

뿌리가 배양석에 묻혀 물을 흡수할 수 있고, 공기 중 산소로 숨을 쉴 수 있도록 배수(排水)가 잘되는 난분이 좋은 난분이다.

공기가 잘 통하는 것은 물론 두께도 얇아 햇빛으로 인하여 적당한 온도를 얻을 수 있는 난분이 아주 좋은 난분이라 할 수 있다.

물론 화분 하나로 모든 문제가 해결되는 것은 아니고 배양석과 관수 그리고 통풍의 좋고 나쁨에 따라 분의 역할에 차이가 있을 수 있다.

좋은 난분은 배수를 잘하고 공기 중의 습기를 흡입할 수 있으며 보습이 잘 유지되어야 한다.

외관상으로는 난과 잘 어울리며 주거문화와 융합되는 품위도 곁들이면 금상첨화(錦上添花)라 할 수 있겠다.

배양석 역시 흡수력이 좋고 건조가 잘되는 것이 제일 좋은 것이다.

배양석이 경석(硬石)일 경우에는 뿌리가 굴절되면서 자라고 연석(軟石)일 때는 배양석이 밀리면서 뿌리가 똑바로 성장을 할 수 있어 뿌리 자람이 좋아진다.

다공성(多孔性)을 가진 연석이면서 잘 부서지지 않으며 흡수 효율이 좋은 배양석으로는 가누마토(鹿沼土), 히우가토(日向土), 아까다마토(赤玉土), 사츠마토(薩摩土), 혼합토(混合土) 등이 있다. 난 입수가 어려웠고 난을 재배하는 사람도 많지 않았으며 난 자재상도 없었던 60년대에는 산으로 마석을 찾아다니거나 비싼 외제를 구하는 등, 이 모든 것들을 스스로 해결해야 했다.

때문에 재배에 어려움이 많았으나 지금은 자재로 인한 걱정과 문제는 없다.

배양 도구로는 관수용 조로(Jorro), 시약용 조로, 온도계, 습도계, 가위, 핀셋, 알콜램프, 붓, 해부용칼, 분무기 등만 있으면 난을 재배하는데 어려움이 없을 것이다.

3) 재배환경 관리

난이 잘 자랄 수 있는 곳은 난이 자생하는 곳이다.

그러나 자생지라 하더라도 환경이 좋고 나쁨에 따라 많은 차이가 있음을 자생지 탐란(探蘭)의 경험으로 알 수가 있다.

좋은 환경이라는 곳은 아침햇빛을 흠뻑 받을 수 있는 동향, 동남향의 비탈진 침엽수림(針葉樹林) 아래인 곳이다. 토질은 모래가 섞인 듯 황토와 부엽이 쌓여 배수가 잘되는 곳이다.

그리고 습기를 머금은 해풍이 늘 불어와 적정 공중습도가 유지되고 공기의 정체가 없는 그런 곳이다.

자생지라 할지라도 조건이 나쁜 곳은 겨우 연명만 할 정도로 삶을 지탱하며 크기와 형태가 너무 빈약함을 볼 수 있다.

난 재배의 성공은 환경조건이 70% 이상 좌우함을 감안할 때 아무리 취미로 재배한다고 하더라도 거실에서는 난이 자랄 수 없기 때문에 최소한 난이 자랄 수 있는 조건까지는 만들어 주어야 한다.

우선 난이 자랄 수 있는 요건을 검토해보면 첫째 난을 재배할 장소에 오전 햇빛이 있어야 한다. 그리고 통풍이 잘되어야 하고 난을 장치할 난대가 있어야 하겠다.

온도와 습도를 조절할 여건이나 기능이 마련된 곳이면 난을 키우는데 도움이 될 것이다. 그래서 고안 된 것이 온실이다.

① 시스템(System)으로 환경을 조절

온실의 개념은 추위에 약한 관상식물을 월동시키거나 겨울철에도 계속해서 재배를 원할 때 필요한 시설이다.

온실의 구조에 대하여는 자재의 종류에 따라 형태에 따라 여러 가지로 구분될 수 있으므로 자신의 목적에 알맞게 설계하는 것이 좋을듯하며 특히 난 온실은 햇빛쪼임(채광), 온도, 공기순환 등의 제어가 쉽게 가능하도록 설계되어야 한다.

실제로 많은 애란인들은 나름대로 발코니를 이용하거나 정원을 이용하여 난의 생육환경에 맞게 난실을 가지고 있는 것으로 알고 있다.

우리들이 난실이라고 말하는 시설은 원예적 온실에 해당되는 것으로 위에서 말하는 조건이 충족되지 않으면 안 된다.

난실은 인위적으로 자연상태에 가까운 최적의 환경을 만들어 주기 위한 시설이다.

따라서 사계절이 뚜렷하여 년 중 온도와 습도의 변화가 심한 우리나라에서는 난을 재배하기 위해 온실이 필요하다. 보통은 온실을 보온을 위한 설비쯤으로 생각하기 쉬우나 혹서(酷暑)의 하절에 백야(白夜)의 현상이 발생하는 경우 호흡작용이 심하게 이루어지지 않도록 조절하는 역할도 크다고 할 수 있다.

식물의 생장에 중요한 요소 중 하나가 온도이기 때문에 온실은 온도를 조절할 수 있어야 하며 이를 위해 가온장치, 환풍기, 차광시설들이 필요하다.

② 재배할 식물에 맞게 제작

온도와 습도조절은 난 재배에 있어서 필수조건이며 습도는 식물에서 발생되는 질병과 증산작용에 큰 영향을 미치기 때문에 적절한 습도유지는 꼭 필요하다.

난실 설치장소는 햇빛이 잘 드는 동향, 동남향이 제일 좋으며 통풍이 잘되고 배수가 잘되어야 한다.

난은 종류에 따라 생장 요구조건이 조금씩 다르기 때문에 초보자에게는 좁은 공간에 여러 종류의 난을 같이 재배하는 것보다 같은 종류의 난만을 재배하다가 익숙한 능력이 되면 성질이 다른 난을 함께 기르는 것도 한 방법이다.

난 재배의 시작은 춘란으로 하고 다음으로 한란, 혜란 순으로 난을 대하면 보다 효과적으로 취미생활을 즐길 수 있을 것으로 생각된다.

근래에는 주거 공간이 아파트로 변해가면서 발코니에 난실을 만드는 경우가 많아 별도의 난실제작은 어려우나 조건을 잘 응용한다면 좋은 난실이 될 수 있다.

난을 재배할 수 있도록 형편에 따라 고안된 여러 가지 유형의 온실(난실)을 검토해보면 재배하고자 하는 난의 종류와 재배량에 따라 온실의 크기와 내용이 다르게 제작되어야 한다. 자연환경에 가깝도록 효율을 높여주기 위하여 마련하는 것이 온실이기 때문에, 설계부터 일반온실과 달라야 할 것으로 생각된다.

온실은 단독온실과 거실에 연결된 연결온실, 아파트 발코니를 이용하는 발코니온실 그리고 진열장식온실 등이 있으나 자신의 집 구조에 적합한 것을 택하여 제작할 것이나 설치할 때 유의할 점은 다음과 같다.

- ⊛ 온실의 용적은 난재배량에 비해 조금 여유있게 하여 추위와 더위가 직접적으로 난에 영향을 덜 주도록 한다.
- ⊛ 신선한 공기를 공급할 수 있어야 한다.
- ⊛ 원하는 온도로 용이하게 조절 관리 할 수 있도록 설계되어야 한다.
- ⊛ 차광(遮光)시설은 내부와 외부에 이중으로 설치함으로써 온실의 효과를 높여줄 수 있어야 한다.

내부만 차광하면 강한광선을 막는 효과는 있으나 온실 내 온도는 상승된다.

내부와 외부 모두를 차광망으로 적절히 조절하면 광선도 막고 온도도 내릴 수 있다.

❶ 단독 온실

온실(난실)의 특징은 채광조절과 온도 습도 및 통풍을 적당하게 조절하고자 하는데 있다. 그 모든 조건을 임의로 조작이 가능한 것이 단독온실이다.

더운 여름철 관리와 추운 겨울철 관리에 용이해야 한다. 특히 서양란 재배에 있어서는 온실 없이는 좋은 성과를 얻을 수가 없으며 불가능할 정도로 어려움이 있다.

정원에 여유 공간이 있지 않으면 전용온실은 불가능한 일이며 주택건축과 함께 설계하면 온실과 주택이 균형을 이루도록 할 수도 있다.

❷ 거실 연결식 온실

거실전면을 이용하거나 거실과 안방사이를 이용하면 난관리에 편리하고 감상하기 좋도록 고안된 방법으로 단독주택에서 많이 이용되는 온실이다.

한국의 집 구조가 남향, 동남향이 대부분으로 채광 통풍에는 큰 어려움이 없으며 관리도 간편하다.

한국 사람은 체면을 중시하기 때문에 전체적으로 집 모양에 치중하다 보면 온실기능이 저하 될 수가 있으므로 설계할 때 세심한 주의를 하여야 한다.

❸ 아파트 난실

단독주택의 생활공간은 거실 이외에도 정원이 있어 자연 속의 생활을 조금이나마 누릴 수 있으나 생활의 편리함을 추구하여 생겨난 아파트에는 여유 공간이 발코니 밖에 없다.

이 공간은 가정에도 유용하게 이용되는 공간이라 부적절한 면이 많이 있다.

특히 전면이 통유리로 되어 있기도 하여 차광(遮光)장치나 환기(Fan)장치 부착이 어렵고 바로 온실로 이용하기가 쉽지 않다.

높은 온도를 방지하고 습도를 높여 주는 것이 용이하지 않아 어떤 시스템(System)을 필요로 하게 된다.

아파트 발코니를 이용하는 난실을 소개해보면

첫째, 난대를 낮게 설치하여 거실의 답답함을 피하고 난을 감상하고 보살피는데 용이하도록 해야 한다.

둘째, 발코니 바닥에 인조잔디를 깔아 타일의 반사광을 막고 자동 살수장치를 하여 습도를 유지해 주어야 한다.

셋째, 통풍을 유도할 별도의 환기 장치가 필요하다.

넷째, 고온을 방지할 수 있는 특수차광을 이용하여 어떠한 경우에도 30℃가 넘지 않도록 조절할 수 있어야 한다.

❹ 진열장식 온실

이런 형태의 온실은 잎 무늬 품종이나 유묘(幼苗) 등과 같이 일반 난들과 같은 장소에서 함께 재배가 곤란한 종류들을 특별 관리하는 의미로 이용되는 온실로서 시중에서 판매되기도 한다.

단독온실

거실연결온실

아파트발코니온실

❀ 참고온실 : 산가요록(山家要錄)에 의하면

❶ 온실짓기

사면을 흙담으로 쌓고 지하를 파서 남면(南面)은 얕게, 북면(北面)은 높게 한 다음 경사지게 하여 지붕은 창호지(窓戶紙)에 피마자기름을 발라 창호로 이용.

❷ 온실내부

화강암으로 구들을 놓아 그 위에 1.5척(尺)흙을 덮어 모포장을 만들고 씨를 뿌려 재배하였다.

❸ 아궁이

아궁이에는 솥을 걸고 물을 붓고 솥은 뚜껑을 만들고 관을 연결하여 온실내부로 수증기가 들어가게 제작되어 있다.

아궁이의 불길은 구들장 밑으로 들어가 온실 바닥의 온도를 높이는데 이용되고 수증기는 상부온도 유지와 습도 유지에 이용되었다.

❹ 창문

창은 창호지를 이용함으로 내부 이슬 맺힘을 방지하고 햇빛 투과율을 높임으로써 내부 양채(養菜)에 큰 도움을 주었다. 폭설과 폭우에도 강하고 비닐보다 강도가 높다고 한다.

❺ 채광효과

네델란드식 현대온실보다 약 200년 앞서 만들어진 것으로 그 효능에도 월등하다는 것이 500년이 지난 지금에도 입증되고 있다.

4) 재배기술

변화의 리듬이 생명의 근원이 된다.

생물은 본래 고정된 상태가 아니고 한시각도 정지해있지 않는다. 따라서 최적의 상태라는 조건은 오래 존재 할 수 없고 적당한 온도, 습도라는 것도 오래 지속되면 부적정한 온습도가 될 수 있다.

그러므로 리듬의 변화를 줌으로써 생명이 활성화될 수가 있다. 예를 들어 난 뿌리는 건조할 때나 축축할 때도 적응하도록 구조가 되어 있다.

사람이 배가 고파 즐거이 맛있게 식사하는 것과 영양가를 저울로 달아 유입시켜 생명을 유지하는 것과는 전혀 다르다.

난은 생물이라는 점을 유의하고 큰 원칙 내에서 개성적인 재배가 필요하다.

동양란은 개성적이어서 어떤 법칙을 거부하는 것 같은 일면이 있다.

그럼에도 불구하고 그중에서 꼭 지키라는 방향이라 해서 좋은 것과, 해서 안 되는 것이 있는데 이것은 경험자의 말을 들어 볼 필요가 있다는 것이다.

① 광선(light)과 채광(採光)

모든 식물은 태양의 광을 이용하여 광합성작용을 행하여 생육에 필요한 영양분을 만들어 생장하고 있기 때문에 적당량의 햇빛이 필요하게 되는데 품종에 따라 햇빛의 강도와 일조시간의 차별을 두어야한다.

식물에 따라서는 하루 종일 광선을 필요로 하는 식물, 반그늘에서만 생육이 가능한 식물도 있다.

동양란은 보편적으로 햇빛을 많이 요구하는 식물이 아니다.

반 음지식물로서 오전까지 채광이 가능한 장소이면 재배장소로서 적합하다고 할 수 있다.

햇빛은 열의 큰 공급원이지만 난이 오랜 시간동안 강한 직사광선을 받으면 잎면의 온도가 높아져 스스로 기공을 닫아버린다.

그러한 동작은 수분증발을 막기 위한 수단이지만 그로인해 세포조직이 파괴되어 일어나는 일소(日燒)의 장애가 발생한다.

잎이 암록색 성질을 잃어버리고 누렇게 탈색되는 관계로 난은 적당한 채광이 요구되는 식물이다. 다시 말해서 햇빛 에너지로 탄수화물을 만드는데 사용하고 남은 잔여 에너지가 열이 되어 잎을 태우기 때문으로 필요 이상의 햇빛은 해롭게 된다.

잎의 기공(氣孔)은 햇빛이 있는 상태에서만 열린다.

이 작용은 난에 있어서 매우 중요한 기능이다. 이 증산작용은 기화열을 흡수하여 잎의 온도를 낮추는 기능을 가지고 있기 때문이다. 따라서 밤에 고온현상이 생기면 햇빛이 없으므로 기공이 닫혀있어 호흡작용만 심하게 하게 되므로 성장이 멈추게 되고 난이 약해진다.

난의 생육에 필요한 조도(Lux)는 품종에 따라 4000~18000룩스 정도가 필요하다. 그 이상의 햇빛은 광합성작용에 도움이 되지 못하고 피해가 된다는 것을 알아야 한다.

햇빛을 지나치게 강하게 받으면 잎은 윤기가 없고 거칠어지며 피로도가 높아 가을에 일찍 누렇게 변하며 고사하게 되는 반면 햇빛이 약하면 조직이 연하여 잘 꺾이고 병약해 진다.

식물이 생장하는데 필요한 광선 중에는 적색광선, 자색광선, 녹색광선, 청색광선 기타광선이 있다.

탄소동화작용에 필요한 광선은 적색광선(Red Light)으로 아침 시간에 많이 들어 있어 난은 아침 햇빛을 4~5시간 받게 하는 것이 제일 좋다.

동양란은 종류에 따라 기공(氣孔)의 수가 다르며 단위 면적당 춘란이 제일 많고 한란이 제일 적으며 보세, 소심종류가 중간 쯤 된다고 볼 수 있다.

오후에는 자외선이 강해 잎이 퇴색하는 성질이 있어 오후 햇빛은 반드시 차광(遮光)을 필요로 한다.

또한 난의 재배장소가 아파트 발코니 같은 타일바닥일 경우에 타일에 반사된 복사열이 난 잎 뒷면을 자극하여 기공을 닫게하는 경우가 발생할 수가 있다.

기공이 닫히면 첫째로 탄산가스 흡입을 막아 동화작용이 중단된다. 둘째로 고온 때 증산작용을 못해 잎 표면의 온도가 상승되므로 잎이 타(日燒)거나 노화가 빨리 오는 현상이 나타난다.

  자생지에 가보면 동향으로 있는 난의 잎은 윤기가 있으며 강건해보이나 북향에 있는 난은 잎이 길고 얇으며 연약한 것을 볼 수 있다.

  남향에서는 잎이 짧고 거칠어 보이며, 서향에서는 잎이 짧고 누렇게 보이는데 이는 햇빛의 영향을 받은 것으로 생각된다.

  이와 같이 위치에 따라 차이가 많으므로 자연이라 해서 최적의 환경이 아니다. 생존하기 위한 최소의 환경상태라고 생각한다면 재배할 때는 인위적으로 최상의 환경조건을 만들어 주어야 한다고 생각한다.

  햇빛이 많고 건조하면 시비가 적어도 뿌리가 잘 자라고 물이 많고 온도가 높으면 잎이 잘 자란다.

  이른 봄 해동이 되면서 월동장에서 재배장으로 옮겨 올 때는 햇빛을 많이 받게 하지 말고 차광을 한 상태에서 차츰차츰 적응시키는 것이 좋다고 생각한다. 왜냐하면 겨울 동안 휴면기(休眠期)를 지낸 관계로 뿌리에서 수분을 흡수할 수 있는 능력이 부족하여 흡수와 증산의 밸런스가 맞지 않아 잎이 타는 현상이 일어날 수도 있기 때문이다.

난 품종별 필요 조도 (Lux)	
품 종	조 도
보세류	4,000~5,000 Lux
한란류	5,000~6,000 Lux
중국춘란	6,000~8,000 Lux
한국춘란	10,000~13,000 Lux
옥화, 건란	13,000~15,000 Lux
일경구화	13,000~18,000 Lux

계절별채광비율	
봄 철	70% 채광
여름철	50% 채광
가을철	60~70% 채광
겨울철	10~20% 채광

② 온도조절(溫度調節)

난이 생장하는데 적당한 온도는 20~30℃ 사이이다.

저온이 될 경우에도 생장력이 약해지고 고온일 경우에도 생장은 장애를 받는다. 그러므로 30℃ 이상의 고온이나 15℃ 이하의 저온에서는 생육이 어렵다.

온도 측정에서 개개인의 오차는 1~2℃에 불과하나 복사열에 의한 온도 차이는 4~5℃가 될 수 있다. 기상청 보도만으로 난 관리에 적용한다면 문제가 발생할 수가 있으므로 자신의 난실 온도는 실측이 요구되며 기록까지 해둔다면 좋은 자료가 될 수 있다.

온도는 광합성과 호흡작용에 깊이 관여된다.

햇빛은 물과 탄산가스를 이용하여 광합성을 일으키는데 그 광합성은 빛의 밝기가 같을 경우에 온도가 높지 않은 상태에서 광합성을 이루어 양분을 많이 만든다.

그 가장 좋은 조건의 온도가 20~30℃인 것을 알 수가 있다.

따라서 식물은 주야로 호흡을 하게 되는데 밤에는 산소를 흡수하고 탄산가스와 물을 방출하며 낮에는 탄산가스를 흡입하고 산소와 수분을 방출한다.

그 과정에서 성장에 필요한 에너지를 만들어가게 되는데 그때에 식물은 광합성으로 만들어 놓은 저축한 양분을 소비하게 되는 것이다.

밤에 온도가 높을 경우 호흡작용이 과격하게 되어 양분소비가 많아진다. 밤에는 광합성작용이 이루어지지 않기 때문에 주간에 비축해둔 양분을 소비하게 되므로 생육(生育)이 둔해진다.

밤에는 시원하게 휴식하는 것만이 식물이 잘 자라는 길이라 생각하므로 생육기간에는 주야의 온도 차이가 10~15℃가 적당하다고 생각한다.

추운 겨울철 춘란실 온도가 10℃이상이 되지 않도록 주의하며 적정온도는 5~10℃에서 60일 이상 휴면시키면 좋은 꽃을 볼 수가 있다.

한란과 보세종류는 최저온도를 조금 높은 10~15℃에서 휴면 시키는 것이 좋겠다.

여름철 고온은 생육에 큰 적이며 차광망으로 햇빛을 이중으로 가려주고 천창(天窓)을 비롯하여 모든 창을 열어 바람을 통하게 하여 환기를 시키는 것이 절대적으로 필요하다.

③ 관수(灌水)와 습도조절(濕度調節)

물의 성분은 산소 1 분자와 수소 2 분자로 구성된 H2O라는 화학기호를 가진 화합물이다.

지구표면의 약 72%를 차지하고 있다. 지구상 존재하는 생명체의 70~90%가 이 물로 구성되어 있다고 한다.

특수한 식물을 제외하고는 일반적으로 식물은 적은 물로는 자라갈수가 없다.

그러나 물에 의해 살아가는 식물이라도 4~6시간 물에 담근 상태에서는 생육 될 수가 없으므로 반듯이 적당한 량의 물 조절이 필요로 하게 된다.

"물주기 3년"이라는 말이 있다. 난에 물주기가 어렵다는 의미이다. 관수가 난 재배의 가장 중요한 문제가 되고 있으므로 경험을 터득하지 않으면 안 된다.

화분의 크기가 비슷한 것과 식재를 동일한 것으로 기준을 삼는다. 화분의 표면 화장토가 건조해 가는 것을 관찰하여 관수를 한다.

　관수의 조건은 재배장소, 환경 등에 관계가 된다. 지상, 반지하 등온실구조와 통풍의 좋고 나쁨, 온도의 높고 낮음, 그리고 해변과 내륙같은 그 지방 토질의 습도가 크게 영향을 미치게 된다.

　근압(根壓)에 의해 흡수된 물은 줄기를 통하여 상승되어 잎의 구석구석으로 운반된다.

　물의 분자는 서로 응집력이 있기 때문에 식물체내에는 뿌리털 세포로부터 잎의 세포까지 많은 수주(水柱)가 형성되어 있으므로 잎 표면의 물이 수증기로 증발하는 현상이 된다.

　10~20 기압으로 흡수력을 일으키며 수액(水液)의 상승은 이 압력의 힘으로 움직이게 된다.

　물은 탄수화물, 지방, 단백질, 무기염류 등의 물질을 함유하고 있으며 식물체 내로 운반하는 일을 담당하고 있어 물의 공급이 끊어지면 식물은 시들게 된다.

　물은 식물체내의 온도를 조절하는 역할을 하고 있어 체온상승을 방지하는 역할도 하게 된다.

　여름철 고온 건조 할 때 장시간 햇빛에 노출되면 물 공급이 원활하여도 체온조절이 되지 않아 잎이 타는 현상을 일으키거나 고사하기도 한다.

　서양란은 동양란에 비해 수분증발량이 많기 때문에 관수를 자주해야 한다.

　철분이 많은 물은 생장이 더디고 잎에 얼룩이 생기는 경우가 있다. 염소나 불소가 많이 함유된 물을 계속 이용하면 잎 끝과 가장자리가 흑갈색으로 변하는 증상이 나타나기도 한다.

　관수에 사용될 수돗물은 하루쯤 받아 두었다가 염소 등이 증발된 후에 사용하는 것이 좋다.

그러나 너무 오래도록 받아두면 알칼리성이 강해지므로 좋은 물이 될 수 없음도 명심하여야 한다.

물의 알칼리성과 산성을 구분하는 지수는 PH(수소이온농도)로서 0~14단계로 구분되어 있다. PH 7이 중성으로 이를 중심으로 눈금이 0쪽으로 갈수록 산성이 강하고 14쪽으로 갈수록 강알칼리가 되는 것이다.

우리가 먹는 수돗물의 PH는 6.5~7.5 정도이다.

동양란의 자생지 토양의 PH는 5.0~6.5 정도이므로 난 배양에 적합한 관수의 PH는 5.5~6.0이 제일 좋다고 생각되어진다.

비좁은 난분 속이 살아가는 공간인데 오직 관수하는 것으로 노폐물도 씻어내고 신선한 공기도 공급해주는 등 여러 가지 역할을 하게 되므로 관수의 중요성이 매우 크다고 하겠다.

난은 조금 건조하게 기르면 뿌리가 발달하고 자주 관수를 하게 되면 잎이 무성하게 된다. 난은 뿌리 키우기와 잎 키우기라 할 수 있는데 이 조건을 잘 조절하는 것이 관수의 비결이라 할 수 있다.

난에 물을 주는 방법과 시기에 대하여는 애란인들이 계속 연구할 과제가 아닌가 생각된다.

난분에 조금씩 자주 물을 주면 습도를 높여주는 것으로 생각하는데 사실은 그렇지 않다. 난실 바닥에 살수하여 증발하게 하거나 가습기를 이용하는 것이 공중습도를 높여주는 방법이라 할 수 있다.

휴면기인 12월부터는 월 1~2회 정도로 관수를 더디하다가 2월 중순부터 꽃대가 움직이기 시작하면 열흘에 한 번 정도로 관수를 하면서 차츰 늘려준다.

　채광과 관수를 적절히 한다 하여도 공중습도가 부족하면 전체적으로 잎의 균형이 맞지 않든지 개화가 늦어지든지 하는 생장의 문제점이 발견된다.

　육안으로 보이는 안개는 수증기의 입자가 큰 것으로 습도가 포화상태일 경우에는 증산작용이 이루어지지 않기 때문에 난실의 습도는 70% 내외가 적당하다고 생각한다.

　난실 온도보다 외부온도가 높을 때는 습도가 높아지지만, 반대로 외부온도가 낮을 경우에는 수증기가 응결되어 유리창에 성애가 맺히는 현상이 생기지만 난실 습도는 낮게 된다.

　설계가 잘 된 난실은 통풍조건에 따라서 여름철에도 외기 온도보다 서늘하게 되어 발산되는 수증기가 높아져 습도유지가 좋은 결과를 얻는다. 온실은 설계 할 때 전문가의 자문을 구하는 것이 바람직하다.

　무더운 여름밤에 난은 기공이 열리지 않기 때문에 최악이 될 수가 있으므로 원산지에서의 스콜(squall) 현상이 생겨 잎 온도를 낮추어주는 것과 같이 우리도 온실에 해가 진 다음 이와 같은 방법의 실린지(syringe)가 요구된다.

　난실의 습도를 높이기 위하여 강제로 햇빛과 통풍을 차단하게 되면 여러 가지 부작용이 생기게 되므로 습도를 높이는 방법을 각자 온실에 맞게 연구해 볼 필요가 있다.

　이와 같이 물의 중요성이 알려지면서 전쟁이라 할 만큼 좋은 물 개발에 앞 다투어 경쟁하고 있다.

　물은 H_2O라는 분자로 구성되어 있으나 분자가 개별적으로 활동을 하는 것이 아니고 수십 개가 뭉쳐 크러스터(cluster)를 형성하고 있다. 이 크러스터는 물속에 녹아드는 황산, 아황산, 염산, 수은, 알루미늄 등의 중금속과도 결합하여 유독물질의 물이 되기도 한다. 따라서 환경이 점점 오염되면서 먹을 물도 수돗물에서 만족하지 못하고 정수기를 이용하거나 파이워터, 자화육각수, 해양심층수 등에서 얻고 있다.

선전되고 있는 좋은 물 몇 가지를 정리해본다.

A) 파이워터(pi-water)

일본 나고야대학 야마시다 쇼지(山下昭治)박사는 식물의 화아분화를 촉진하는 물질에 대한 연구를 하던 중 세포막에 있는 "2가3가철염"의 작용으로 식물체내의 물이 화아분화에 중요한 역할을 한다는 것을 밝혀냈다.

이 물은 일반 물과는 다르다는 것을 확인하고 이 물을 파이워터라 명명하게 되었다고 한다.

식물의 개화와 결실에 온도와 햇빛의 정보전달을 하는 매개체가 있는데 이것이 "2가3가철염"이라는 것이다. 이것이 2X10Mol의 초극 미량일 때에 최대의 효과가 일어난다는 것을 밝혀냈다.

이온과 결합하지 않는(이온 반응이 억제되는) 파이워터는 성장을 촉진하고, 환경정화작용을 하고, 적응능력이 확대되어 일반 물로 재배하는 것보다 성과가 매우 좋다고 설명하고 있다.

B) 자화육각수(磁化六角水)

특수하게 제작된 영구자석 N극과 N극의 대칭이 되는 사이로 물을 통과시키면 물의 분자구조가 이온 활성화되어 우리 몸의 생체수와 같은 육각수구조의 물로 변화된다는 이론이다.

이 물은 물리학은 물론 의학 및 농, 공학이 뒷받침하는 기능수

(技能水)이다.

우리 인체의 건강은 물론 농업, 축산업, 산업분야에 이르기까지 폭 넓게 응용되는 물로서 살아있는 생체 활성수를 의미한다는 것이다.

식물에 관수하면 성장을 촉진시켜주며 발아율을 증가시키고 수확량이 18~40% 증가하는 결과를 얻으며 열매의 질이 좋고 맛도 향상되고 신선도가 오래 유지된다는 것이다.

C) 해양심층수(deep sea water)

바다수심이 200m 이상의 깊은 곳에 존재하는 바닷속 물로서 지구 상 해수의 93%를 차지하고 있다.

태양광이 다다르지 않아 광합성이 이루어지지 않고 년 중 수온(水溫)이 2℃ 이하의 저온상태의 물이다. 오염이 되지 않아 청정하고 안정성, 부영양성, 숙성성, 등의 특징을 가지고 있는 유용한 해양자원이다.

극지방 어름덩이가 온도와 염분농도 차이로 인하여 푸르-모(수직침강현상)하여 바다 밑바닥을 따라 흐르고 있다.

해양심층수는 미량원소와 각종 미네랄이 함유되어 있고 연중 저온상태와 고압에 오래 숙성되어 있어 안정된 물이다. 심층수는 알칼리 이온수이다.

④ 뿌리와 물

일반식물의 뿌리 구조를 검토해 보면 피층(皮層), 근관(根冠), 중심주(中心柱)의 모양으로 되어있다. 토양과 직접 접촉하여 양분과 수분을 흡수하는 작용을 하고 있다.

또 일부가 돌기하여 뿌리털이 되어 뿌리의 표면적(表面積)을 크게 하고 교소(膠素)를 가지고 토양과 밀착하여 식물체를 유지하는 역할을 하고 있다.

전체적인 구조는 표피(表皮)에서 중심주까지 양분과 수분을 전달하는 통과세포(通過細胞)에 불과하다.

난의 뿌리는 뿌리털이 퇴화된 반면 표피가 진화되었음을 알 수 있다. 뿌리털의 수명이 2~3일에 불과하여 건기에는 견딜 수 없으므로 점성(黏性)이 강한 표피로 변화된 근피를 가지고 있다.

양분과 수분을 용이하게 얻는 것은 물론 공중습도가 낮아지면 교소(膠素, pectin)가 근피를 감싸서 방수막을 형성하여 수분증산을 방지하는 기능을 하고 있다. 그 예로 난 뿌리가 공중에 노출되어 건조하면 희게 변하면서 광택이 나고 단단해지는 모습을 볼 수 있다.

공중에서도 생존을 계속하는 것은 일반식물의 뿌리와 다른 점이기 때문이다.

난 뿌리가 특별한 구조로 되어 있다는 것은 피층의 구조가 해면상 조직으로 되어 있어 우기(雨期)에 물을 저장하였다가 다음 비가 올 때까지 살아가고 생장하는데 필요한 양분과 수분을 저장한다.

저수용량(貯水用量)이 부족하면 뿌리를 더 신장시켜 저수량을 늘이는 기능을 하고 있다.

또 이 피층에 난균이라고 하는 활성기생균이 공생하고 있어 양분을 흡수하는 역할을 하고 있다.

일반식물은 토양에 살고 있는 박테리아(bacteria)에 의해 가흡태성으로 이온화된 양분을 흡수한다.

모든 난은 토양이 아닌 공기 중에서 양분을 흡수해야 하기 때문에 필요한 박테리아를 자신의 체내에 사육하고 있는 것을 보면 참으로 진화된 식물이라 말할 수 있다.
　난 뿌리가 공기를 좋아하는 것은 난균이 체내에 공생하고 있으므로 산소가 부족하면 난균이 살수가 없기 때문이다. 따라서 양분흡수에 영향을 받지 않기 위해서 공기가 반드시 필요하게 된다.
　난의 자생지는 늘 강우(降雨)만 있는 것이 아니고 건기도 있는 관계로 그 뿌리는 습도가 과하거나 부족해도 견딜 수 있는 근피(根皮)와 피층을 가지고 있다. 줄기(假球莖, pseudo-bulb)와 잎도 그러한 구조를 가지고 있기 때문에 일반식물은 당년에 열매를 얻으나 난은 더디게 성장하더라도 생존이 계속될 수 있는 것이다.
　난 뿌리가 상하는 원인을 살펴보면,
　첫째가 지나치게 습도가 높다거나 건조하여 해면체가 마르는 데 있다.
　난분(蘭盆) 안에 물기가 과다하여 뿌리의 호흡장애가 일어나고 대사활동에 지장을 초래하게 되어 썩게 된다.
　둘째로 고온다습에 의해 뿌리가 찜(蒸)의 현상이 일어날 때 썩게 된다. 이는 장마철 혹서기에 한 순간 통풍이 불량할 경우에 발생하게 되므로 주의해야 한다.
　셋째로 관수 기간이 늦어져서 해면체가 건조하면서 뿌리가 말라서 썩는 경우를 들 수 있다.
　넷째로 난분 속의 환기불량으로 인하여 산소가 부족하게 되어 난균이 죽게 되므로 뿌리가 썩는 경우와 과다 시비나 기타 병에 의해 뿌리가 썩는 경우가 있다.
　관수에 대하여는 많은 방법들이 알려지고 있지만은 실제로 언제 얼마의 물을 난이 요구하는지는 아무도 알 수가 없다.

건조를 견디다 못하여 난분 속에서도 교소(膠素)현상이 나타나고 있는지 조차 알 수가 없다.

따라서 여름철 영양생장기에는 기공이 닫힐 정도로 건조해서는 안 된다는 것을 유념해야 한다.

원산지에서는 심비디움(cymbidium)의 영양생장이 시작되는 4월부터가 우기가 시작된다.

생식생장에 접어드는 10월부터가 건기가 되는 관계로 이 생활주기에 따라 우리는 이 성질에 맞추어 관수를 하는 것이 옳다고 생각한다.

자생지 물의 공급원은 비와 이슬이다.

빗물은 미량의 원소와 화합물을 포함하고 있고 난은 빗물 속에 함유된 양분과 부엽토에서 용출된 양분으로 성장한다.

비는 공기 중 탄산가스를 함유하고 있어 약산성이다.

뿌리가 뻗어 있는 부엽토 역시 약산성으로 PH가 5.5~6.0 정도이다. 뿐만 아니라 빗물은 다량의 공기를 함유하고 있다.

그러나 우리가 사용하는 수돗물은 수도법에 의해 소독된 물로서 양분이 거의 없으며 PH도 6.5 이상으로 중성이다.

관수를 한다는 것은 난분이나 식재에 주는 것이 아니고 뿌리에 직접 주는 것이다.

뿌리에 충분히 흡수된 상태가 되면 난분내의 물기는 즉시 배출시켜야한다. 왜냐하면 뿌리에 물이 항상 포화상태이면 뿌리는 신장할 필요가 없으며 생장점이 상할 염려가 있기 때문이다.

이러한 관계로 식재와 난분의 흡수력이 중요한 역할을 하게 되는 것이며 통풍이 필요하게 되는 것이다.

자연계는 일정하게 규칙적으로만 움직이는 것이 아니고 건습의 리듬(rhythm)이 있기 때문에 우리들은 이 리듬을 스스로 만들어 간다면 이는 훌륭한 난 재배기술이 아닐까 하는 생각을 하게 된다.

식물이 생장하기 위해서는 적당한 온도가 필요하게 되는데 20~30℃이면 급격히 양분흡수가 증대하는 것을 알 수 있다.

따라서 밤과 낮의 온도 차이는 10~15℃가 가장 이상적이라고 함으로 살수와 통풍으로 밤에 온도조절이 요구된다.

영양생식기에는 뿌리도 왕성하게 호흡작용을 하기 때문에 신선한 공기가 항상 공급되어야 한다.

공기유통을 위해서 살수로 난분내의 공기를 교환하는 역할도 해야 한다.

매일 관수를 해도 좋을 난분과 장소가 있고, 3일에 한 번 관수를 해도 과습이 될 경우가 있다.

난의 종류와 포기크기, 난분, 식재, 장소, 통풍 등 복합적인 요인으로 인하여 관수가 똑같은 방법으로 이루어질 수 없기 때문에 각자 온실에 적합한 관수방법을 정해 두어야 할 것이다.

공해가 없는 자연의 빗물은 땅으로 스며들어 뿌리가 흡수하는데 용이하다. 빗물의 수온은 기온과 비슷하고 산소를 함유하고 있어 우리가 사용하는 수돗물이나 지하수보다 월등하다.

관수하는 방법은 시간을 두고 3~4회에 걸쳐 나누어 쉬엄쉬엄 행하며 산소공급에도 역점을 둔다.

겨울철 관수는 여름철과 달리 바람이 없고 청명한 날 오전에 온실 창을 열고 공기를 환기시킨 후 관수하고 야간 동해(冬害)를 염려해서난분 내 물기를 석양까지는 없애야 하는 시간적 여유가 있어야 한다.

⑤ 통풍과 화아분화

고온다습한 상태에서 통풍이 불량하면 웃자람이 있어 난은 연약해진다. 따라서 연부병을 비롯하여 병약해지기 쉬우며 뿌리가 부패하는 일도 생긴다.

자연 바람을 이용하는 통풍이면 가장 좋은 방법이나 그렇지 못하면 환풍기, 선풍기를 이용할 수도 있다.

언제나 난잎이 살랑살랑 움직이는 상태의 바람이 적당하다. 어느 정도가 적당한 바람일 것인가를 검토해 보면 해바라기는 4m/sec, 가지는 2m/sec 최적이라고 한다. 난은 그보다 낮은 초당 1m 이하의 풍속에서 난잎이 흔들리면서 잎 온도도 낮추어 주고 생리활동에 좋은 영향을 주는 것은 물론 잎의 근원이 강해지기도 할 것으로 생각된다.

습도를 높이기 위한 수단으로 차광을 두껍게 하거나 통풍을 막으면 병충해를 유발하는 원인이 된다. 따라서 정체된 공기를 순환시키고 꿉꿉한 습기를 바꾸어 줌으로 증산작용이 활발해질 수 있도록 환기시키는 것은 항상 필요하다.

그러나 냉방(에어컨) 시설은 난에 좋지 않다.

보통 꽃눈이 생겨날 때에 많은 물이 필요로 하는 것 같이 생각이 들지만, 꽃눈은 가구경(pseudo-bulb)에 저장된 양분과 수분으로 생장하기 때문에 관수와는 큰 관계가 없다.

식물이 꽃을 피우기 위해서는 꽃눈이 생겨야 한다.

꽃눈은 새로 돋아나는 잎눈이 어떠한 요인의 영향을 받아 발육되는 과정에서 꽃눈으로 변하는 것이다.

내적요인은 C/N 율, 즉 탄수화물과 질소의 양적관계에서 이루어지고 외적요인은 환경조건을 변화시켜 주는 것이다.

기온을 어느 정도 높여 줄수록 반응이 큰 것을 알 수 있다.

광선을 많이 받게 함으로 성과를 얻게 되어 수분이 많을 때 꽃눈 형성이 억제되고 건조할 때 촉진된다는 것을 알 수 있다.

식물은 우기와 건기가 교체하는 시기를 이용하여 꽃을 피우고 열매를 맺게 된다.

온실속의 난은 그 시기를 놓치는 경우가 있어 원하는 만큼의 꽃을 피우지 못할 경우도 생기게 된다. 그래서 인위적으로 꽃눈이 많이 생길 수 있도록 분위기를 조성해 주는 작업을 화아분화라고 하여 관수를 조절하는 작업을 하게 된다.

화아분화의 시기는 난의 종류에 따라 다르다.

옥화(玉花), 건란(建蘭)과 같은 여름철 난은 4월경, 소심(素心), 소란(小蘭) 등 가을에 꽃을 피우는 난은 6월경, 늦가을과 초겨울에 꽃을 피우는 한란종류는 7월경, 그리고 춘란은 7월 장마가 끝난 다음으로 7월 중순에서 하순이 적기라 생각된다.

화아분화 대상과 방법은 엽예품(葉藝品)과 허약한 난, 새 촉으로만 된 난분은 제외한다.

C/N 율은 질소화합물과 탄수화물의 비율을 말한다.

다시 말해 평상시 재배하는 방식에서 장마철이 지나고 건기에 들어 갈 때 질소비료를 중단하면서 관수도 3~4회 중지하는 방법이 화아분화(花芽分化)인 것이다.

⑥ 시비관리(施肥管理)

동양란은 생장이 빠르게 이루어지지 않기 때문에 많은 량의 비료가 필요하지 않다.

취미로 난을 재배하는 애란인(愛蘭人)의 입장에서는 농장에서 직

업적으로 재배하는 전문인과는 달리 비료를 강하게 사용하여 빨리 생장시킨다는 개념을 가질 필요가 없다.

비료의 특성을 이해하고 적합한 비료를 적은 량으로 재배할 것을 원칙으로 해야 한다.

난이 자생지에서는 필요한 영양분을 빗물이나 토양으로부터 미량을 얻을 것이나 난분 속에는 미량의 원소도 없으므로 적절한 비료가 필요한 것은 사실이다.

다시 말해 식물이 생육하려면 여러 종류의 양분이 필요하게 되는데 식물의 특성에 따라 비료의 성분조성이 다르게 마련이다.

자연에서 자라고 있는 난을 자세히 관찰해보면 잎을 통하여 흡수한 이산화탄소와 뿌리가 흡수한 물속에서 얻은 산소와 수소가 전부이며 약간의 미량요소(微量要素)가 있을 뿐 그 외에 아무것도 없다.

그러므로 우리가 연구하고 경험해야 할 것은 어떤 종류의 비료를 얼마만큼 시비해야 하느냐하는 것이 중요한 문제이다.

❶ 비료(肥料)의 종류(種類)

비료를 크게 나누어 무기질비료(無機質肥料, 化學肥料)와 유기질비료(有機質肥料)로 구분하여 사용하는 것은 다 아는 사실이다.

미량원소를 함유하고 있는 메네델(Menedel), 아토닉(Atonik) 같은 영양분을 활력소라고 하여 같이 사용하고 있다.

무기질비료에는 질소, 인산, 칼륨의 배합율이 용도에 따라 다르다는 것도 알고 있어야 한다.

예를 들어 하이포넥스(Hyponex)를 보면 유묘용 비료는 N:P:K의 배합비율이 30:10:20으로 되어 질소성분을 많게 함으로써 영양생장을 촉진시켜 주고 있다.

　개화주(株)용으로는 10:30:20의 비율로 포기를 튼튼하게 만들어 주도록 배합되어 있고, 분주 때와 뿌리용은 5:50:17, 일반용으로는 15:30:15로 배합되어 있음을 볼 수 있다.

　무기질비료를 시비하고자 할 때는 시비한 후 2시간 정도 지난 다음 관수를 하여 화분 속의 잔여분을 씻어주는 것이 좋다.

　관수와 함께 자주 시비하는 것을 원하면 3~4배 희석비율을 높여서 사용하면 무방하다.

　유기질비료는 고형과 액체로 시중에 나온 제품도 있으나 손수 만드는 방법으로는 참깻묵, 쌀겨, 콩 깻묵 각 1kg에 골분 500g을 혼합하고 물 35 l 를 부어 밀봉한 상태로 잘 부숙(腐熟)이 되도록 한다.

　여름철에는 3개월, 겨울철은 6개월 정도로 발효시키면서 1주일에 한번 씩 상하를 교반해주어 완전 발효시킨 후에 원액 1000cc를 물 10 l 에 희석하여 사용하면 된다.

　일반적으로 비료의 농도를 측정해보면 약 30ppm으로 생각되는데 이때 매일 조도가 10000룩스 전 후로 이루어 질 때 튼튼한 난에는 보통 15ppm이 적당한 농도로 생각된다. 잎 무늬 품종일 경우에는 5~10 ppm이 적당하다고 생각된다.

　유기질 고형비료를 분(盆)위에 얹어놓고 관수하는 방법은 좋은 결과를 얻지 못한다고 생각하고 본인은 한 번도 그렇게 사용해 본 경험이 없다.

　그 이유는 배양토는 살균처리가 된 것으로 혐기성미생물(嫌氣性微生物), 호기성미생물(好氣性微生物)이 전혀 없으므로 일반 식물의 토양 기능과 같이 생각해서는 곤란하다.

관수 때 녹아내린 유기물이 배양토에 흡수되어 부패하고 고온다습이 이루어질 때 뿌리가 썩는 요인이 될 수 있기 때문이다.

유기질비료에서 질소성분은 어분에 많고 가리는 목탄, 인산은 골분에 많다.

식물체의 생명을 유지하는 필수원소들로는 탄소(C)를 비롯하여 산소(O), 수소(H), 질소(N), 유황(S), 인(P), 칼륨(K), 칼슘(Ca), 철(Fe), 마그네슘(Mg), 망간(Mn), 구리(Cu), 아연(Zn), 붕소(B), 모리부덴(Mo), 염소(Cl), 등인 것으로 알려져 있다.

비료의 3요소라 불리 우는 질소, 인, 칼륨의 성분과 그 효과를 파악해 봄으로써 비료사용에 도움이 될 것으로 믿는다.

① 질소(N, Nitrogen) : 식물의 생육에 불가결한 단백질의 구성원소로 엽록소의 중요성분 이다.

질소는 일반적으로 암모니아이온(IonAmmonia) 또는 초산이온(Ion nitric Acid)으로 식물체내에 흡수되는데 흡수된 질소는 유기산과 결합하여 아미노산(Amino Acid)으로 된다.

그러므로 질소의 공급량이 많아서 여유 양이 생기면 단백질에 의해 일시적으로 식물이 무성하게 보인다.

그리고 세포가 커지므로 즙(汁)이 많게 되어 수분이 증대되면서 칼륨은 감소하는 현상이 나타나 식물은 연약하게 된다.

다시 말해 질소성분이 많으면 잎만 무성하고 연약하여 병에 걸리기 쉽다는 뜻이다.

특히 유기질비료에서 미숙(未熟)된 것은 유기산과 가스(Gas)가 생겨나 뿌리를 상하게도 한다.

※ 1ppm = parts per million의 약어로 1 l 의 물에 1mg을 함유하고 있을 때를 1ppm이라 한다.

② 인(P, Phosphate) : 인은 인산이온(H2Po4)으로 흡수되어 세포의 분열과 분열한 조직의 발달에 불가피한 것으로 큐티클라층, 책상조직, 해면상 조직을 충실하게 하여 충분한 광합성이 이루어지게 한다.

당(糖)이나 전분의 합성분해와 에너지전달에 이용되고 있어 포기를 충실하게 하는데 도움을 주며 특히 개화품종에는 당이 많으면 개화가 잘 이루어진다.

장마 이후에 관수를 적게 하고 광선을 많이 받게 하여 당이나 전분을 보다 많이 합성하게 하는 화아분화를 촉진시키는 인위적 작용을 하기도 한다.

③ 칼륨(K, Kalium) : 칼륨은 식물체를 강건하게 하는 것으로 알고 있지만 질소나 인과같이 식물체를 구성하는 물질은 아니다.

작물의 수량을 한정하는 하나의 요소에 불과하며 신진대사를 촉진하는 역할을 도우며 냉해, 병해의 면역력을 증진시킨다.

칼륨도 식물체내에서는 수용액의 형태로 존재하여 조직의 발달을 도우나 어떠한 작용을 가지고 있는지는 불명한 점이 많다.

❷ 비료(肥料)의 효과(效果)

자생지에서 살고 있는 난은 빗물과 토양으로부터 미량의 원소를 흡수하여도 강하게 식물체를 형성하고 살아가는 식물이다.

그러나 사람이 관리하면서부터는 적절한 물 관리에서부터 약간의 비료도 요구되고 있는 것이 사실이다.

시비는 생리작용을 지배하는 요인에 불과하지만 이보다 더 중요한 것은 광합성작용, 증산작용, 호흡작용이 조화를 이루어 주도록 한다.

환경조건을 좋게 만들어 뿌리와 잎이 잘 자랄 수 있게 한 다음 시비를 함으로써 비료의 효과가 있다고 생각한다.

　식물의 생육시기에 따라 양분을 흡수하는 종류나 속도가 달라서 동시에 모든 원소를 같은 속도로 흡수하는 것이 아니고 선택하여 흡수하게 되는 것이다.

　생육초기에 흡수되는 것은 질소와 인이고 그 속도도 빠르며 생육후기가 되면 량이나 속도도 둔해진다.

　난은 그 성질상으로 아주 미량의 비료로 생장하기 때문에 영양결핍으로 인한 생리병 보다는 과다시비로 인한 영양과다 현상으로 생장장애를 일으키는 경우가 많다.

　뿌리가 양분을 흡수하기 위해 몇 가지 필요한 요인이 있는데 그 요인들을 검토해 보면 첫째 산소가 있어야 한다는 것이다.

　난 뿌리는 난균을 체내에서 공생하는 특유한 형태이기 때문에 다량의 산소를 필요로 하게 된다.

　그리고 적당한 온도도 필요하게 된다. 15℃ 이상이 되면 양분 흡수가 증대되므로 생육시기에는 20℃ 이상의 온도를 요구하게 된다.

　수소이온 농도에 따라 필수원소의 상태가 달라져 생육에 영향을 받게 되는데 빗물은 PH 5.8 정도의 약산성으로 최적의 농도라 할 수 있다.

　이외에도 칼륨이나 마그네슘 같은 염류의 농도에도 영향을 받으며 난의 영양상태와 생육시기에 따라서도 양분을 흡수하는 종류나 속도가 달라진다.

❸ 최소양분율(最小養分律)

　난을 재배할 때 난의 상태를 보아서 제한인자(制限因子)가 무엇인가 하는 판단을 해야 한다. 이 판단이 난 재배의 성공여부를 판가름 한다고 볼 수 있다.

다시 말해서 식물의 성장은 질소, 인산, 칼륨을 비롯하여 각 인자의 결합으로 이루어지는데 이는 부족 성분의 양(量)에 의해 식물의 생산량이 결정된다고 하는 최소양분율을 말하는 것이다.

　예를 들어 비료성분이 질소 : 인산 : 칼륨의 비율을 5 : 3 : 2로 정했다면 시비할 비료의 비율이 8 : 5 : 1로 시비했다 하더라도 최소양분칼륨이 1인 관계로 1이 기준이 되어 질소는 2.5 인산은 1.5의 비율이 되어 2.5 : 1.5 : 1로 결정되어 지므로 질소 8을 준 것이 2.5밖에 소용되지 않게 되는 것이다.

　따라서 최소인자인 칼륨을 높여줌으로써 질소와 인산 비율도 높아지는 것을 알 수 있으므로, 각자가 기르고 있는 난의 상태를 알아서 그 부족한 인자를 높여준다면 난 재배의 최고기술이 될 것이다.

❹ 시비(施肥)의 방법(方法)

　일반적으로 시비의 시기는 꽃이 만개한 후부터 시비를 시작하는 것이 좋다고 한다.

　이때는 새싹도 출아 준비를 하고 있고, 새 뿌리도 생겨나는 시기이기 때문에 양분흡수를 위한 준비를 하고 있기 때문이다.

　가구경이 완성된 후에 뿌리가 나면서 새싹이 출아하게 되는데 이때 유기질 비료를 시비한다.

　새싹이 자라 2~3cm가 되면 뿌리도 자라 충분한 기능을 할 수 있으므로 보름에 1회 정도 시비를 한다.

　화분이 건조하여 비료의 농도가 농축될 염려가 있을 때는 관수를 하여 씻어주는 등의 주의가 필요하다.

　시비를 많이 하여 생장을 촉진시킨다는 생각은 옳지 않으며 건강한 포기에만 적절한 시비가 요구된다.

약한 포기에는 시비하지 않는 것을 원칙으로 하고 잎에도 엷게 희석하여 살포하면 좋을 수가 있다. 겨울철 휴면 할 때는 증산작용이 둔해지고 관수도 적어지므로 시비를 하여도 흡수가 잘 되지 않기 때문에 시비 할 필요가 없다.

따라서 이런 조건 아래에서 시비를 하게 되면 염류축적 현상이 생겨 뿌리를 상하게 하기도 한다.

체내에 필요 이상의 비료가 흡수되어 꽃을 맺은 난들은 비료과다현상이 꽃에도 나타나므로 꽃봉오리가 보이기 시작하면 시비는 삼가는 것이 옳다.

액체비료를 시비하면 뿌리는 이 수용액을 직접해면체에 흡수하는 성질을 가지고 있기 때문에 고농도의 용액은 큰 피해를 가져올 수 있어 주의를 요한다.

자연환경에서 빗물과 토양으로부터 얻은 양분의 농도를 생각한다면 극히 엷게 희석된 액체비료를 자주 이용하는 것이 이상적인 시비의 방법이라 생각된다.

시비의 시기와 농도 그리고 양이 중요하다. 어떤 종류의 비료를 사용하느냐 보다는 필요치 않을 때와 흡수능력이 없을 때를 가려서 시비하지 않으면 큰 해를 입을 수도 있다.

비료의 희석비율은 꼭 지켜야 한다. 액체비료는 물 1l 에 액비 1cc면 1000배가 되지만 분말일 경우에는 물 1l 에 분말 1g을 희석하면 꼭 1000배가 되는 것은 아니다.

희석비율의 기준은 성분비율 합계에 100을 곱한 것을 희석비율로 하는 것이 보편적이다.

예를 들어 질소, 인산, 칼륨의 배합비율이 15 : 5 : 5라고 한다면 이 합계 25에 100을 곱한 2500이 희석비율이 되는 것 이다.

⑦ 분주(分株)와 화분갈이

분주를 하는 이유로는 새싹이 줄아 할 공간이 없기 때문이다.

난은 잔디모양으로 옆으로 뻗어가기 때문에 노촉으로 인하여 균형을 잃게 되어 관상에 좋은 자태가 될 수 없으므로 분주를 하게 되는 것 이다.

분갈이의 또 다른 이유는 뿌리가 무기질비료를 가흡태로 만들기 위해서는 산성 물질을 분비하게 되는 데 오래되면 토양이 산성화 된다.

따라서 산성이 높으면 비료를 흡수하는 능력이 떨어지므로 잎이 누렇게 변하고 개화도 잘 안되며 쇠퇴하기 때문에 분갈이를 해야 한다.

❶ 분주(分株)

난(蘭)은 가구경(假球莖)을 감싸고 있는 포의(떡잎)층에서 새싹이 돋아 나와 새로운 한 포기가 된다.

새포기와 묵은포기는 띠(篠)로 연결되어 있고 이 새싹이 불어나 큰 떨기가 되면 나누어 심게 되는데 이것을 분주한다고 말한다.

분주할 때 포기 수를 너무 적게 하면 포기증식도 어렵고 꽃피우기가 어려우므로 최소한 3~4포기를 기준으로 분주하는 것이 좋겠다.

한란은 성장이 더디어 금년에 나온 새싹이 다음해에 가야 성주가 되는 경우가 많다. 그 외에 다른 난들도 늦게 돋은 새싹은 당년에 다 자라지 못하는 경우가 많으므로 가을 분주보다는 봄 분주가 효율적일 수가 있다.

동양란도 다른 식물과 같이 종자를 취해서 심는 방법이 있으면 좋겠으나 아직은 연구단계로 일반인에게는 보급되지 못하고 있다.

 난 종자는 하나의 열매 안에 10만입(粒)이 넘는 씨가 들어 있으나 이 씨는 씨눈만 있고 배젖이 없는 미세한 분말처럼 되어 있다. 씨가 익으면 바람에 날려 멀리 흩어지며 난균과 접촉되어 적당한 온도와 습도 그리고 시간의 혜택을 받게 되면 발아하는 특성을 가지고 있다.

 번식하는 과정을 잠시 살펴보면 난씨에 난균이 침입하여 소화되어가는 중 불규칙적인 흰 덩어리(原塊體, Proto-corm)가 계속 크게 되어 나중에는 생강근(生薑根)이 나오게 된다.

 그보다 먼저 청아(靑芽)가 나와 지상으로 내밀어 생장하면 한 두 개의 잎을 갖는 띠가 된다. 그리고는 뿌리가 나와 자립체제로 간다.

 씨로부터 여기까지 빨라야 2년 평균 3~4년이 걸린다고 한다. 그로부터 또 몇 년인가 지나서야 겨우 꽃이 필 정도가 된다.

 난(蘭)은 새싹이 나올 때 뿌리도 함께 나와 별개 띠를 이루고 있어 포기마다 이 띠로 연결되어 있다.

 마치 잔디가 마디마디로 연결되어 뻗어가는 모양으로 생각하면 되고 이 띠(篠)와 띠 사이를 자르면 분주(分株)가 되는 것이다.

❷ 분(盆)갈이

 분갈이는 춥고 무더운 시기를 제외하고는 언제든지 가능하며 최적기라 여겨지는 시기는 3월 중순 춘분(春分)과 9월 중순 추분(秋分)을 전후한 때이다.

 춘분(春分) 갈이에는 봄에 꽃이 피고 진 난(蘭)들로 춘란, 한란, 광엽혜란 등이다. 추분(秋分) 갈이에는 여름과 가을에 꽃을 본 세엽혜란, 금릉변, 등으로 구분지울 수 있으나 꼭 분갈이 할 사정이 생긴 때는 종류나 시기에 관계없이 할 수도 있다.

　일반적으로 난분을 왼손으로 잡고 오른손 주먹으로 가볍게 분을 두드리면 난과 분을 분리시킬 수 있다.

　큰 포기이거나 뿌리가 많이 엉켜있는 난분은 화분을 깨고 분갈이를 해야 하는 경우도 생긴다.

　분갈이 할 때 세밀히 관찰을 해보면 뿌리가 상해있거나 노화된 포기는 자생 할 능력이 없어서 다른 포기의 도움으로 살아가고 있음을 볼 수 있다.

　따라서 분갈이 할 때는 썩은 뿌리는 물론 도움이 되지 않는 이런 것들을 모두 정리하여 정예 포기를 만들어 주는 의미도 있어 과감히 처리해야한다.

　바이러스병의 증세가 없다 하더라도 분주에 사용하는 도구들은 증기 소독을 원칙으로 한다.

　여의치 않으면 알코올램프로 화염소독을 해야 하며 작업자의 손도 알코올로 소독을 하여 철저한 예방조치가 있어야 하겠다.

　선별된 포기들을 벤레이트 2000배 또는 톱신M 1000배액에 30분 정도 침지(浸漬)하여 소독한 후에 새 난분과 새 식재를 이용하여 심는다.

　심을 때 묵은 촉은 뒤쪽으로 가게하고 앞쪽으로 여백을 많이 두어 새싹이 돋아나올 장소를 마련해 주어야 한다.

　식재는 대, 중, 소 3종류와 화장토로 구분하고 있으나 심을 때 대립을 2/3정도 채우고 중립을 조금 넣고 소립으로 가구경 밑까지 정성껏 유입시키는 것을 잊지 말아야 할 것이다.

　가구경 주위는 새 뿌리와 새싹이 돋아나는 곳으로 공간이 생기지 않도록 식재를 채우는 세심한 주의가 필요하다.

마지막으로 화장토를 이용하여 마무리하는 경우가 있는데 관수할 때에 화장토가 분속으로 스며들어 공기유통에 지장을 줄 수 있어 재배할 때는 바람직하지 못하며 전시 출품 할 때만 이용하는 것도 한 방법이다.

심기가 끝이 나면 살수로 관수하여 먼지를 씻어내고 10일 이상 햇빛과 바람이 닿지 않는 곳에 둔다.

매일 관수하며 안정을 시킨 후에 다른 난들과 같이 재배한다.

❸ 심기

춘분과 추분을 전후하여 심기를 하게 되는데 화아분화 후에는 생리적으로 장애를 받기 쉽고 개화에도 영향이 있으므로 꽃이 핀 다음이 좋다.

또 분갈이 할 때 생긴 뿌리 손상의 회복이 가을보다 봄이 빠르기 때문에 춘분 때가 좋으며 심을 때 뿌리를 난분 벽에 붙여서 심는다.

한란과 보세는 잎에 비해 뿌리가 가늘고 적어서 중립(中粒)을 많이 사용하는 것이 좋으며 춘란은 뿌리가 잎에 비해 굵고 많으므로 대립(大粒)을 많이 사용하는 것이 일반적인 기준이다.

⑧ 병충해(病蟲害)의 관리(管理)

난은 병에 걸리면 치료나 회복이 쉽지가 않으며 치유가 된다 하더라도 많은 시간이 소요된다.

병에 걸려 치료하는 것보다 예방하는 것이 좋은 방법이라 할 수 있으며 병반이 잎에 나타나므로 관상에도 좋지 않다.

병에 걸리는 요인은 여러 가지가 있겠으나 재배환경이 고온다습하고 통풍이 원활하지 못 할 때에 균과 충이 발생하게 되므로 환경을 개선하거나 소독을 자주하여 예방을 해야 한다.

예방소독은 무더운 여름철에는 월 3~4회 시행하고 봄, 가을에는 1회 정도라도 충분하다고 생각 된다.

똑같은 약을 계속 사용하는 것보다 여러 종류의 약을 번갈아 사용함으로써 면역성을 피하고 효과도 높일 수 있다.

그리고 희석비율은 설명서에 따라 꼭 지켜야 하며 뿌리에 흘러 내리게 하지 말고 잎과 벌브에만 살포하여야 한다.

분갈이 때에도 뿌리는 반드시 살수에 세척한 후에 소독약에 침지시켜 살균시킨다.

한번 사용한 난분을 다시 사용할 경우에는 깨끗이 세척하는 것은 물론 끓는 물로도 소독이 안 되는 병균이 있으므로 고열을 이용하여 태우는 소독을 하지 않으면 안 된다.

난의 병해는 세균성인 박테리아 병과 곰팡이 병 그리고 바이러스 병 등 3가지 종류로 구분되어 진다.

❶ 세균병(細菌病)

흑반병, 근부병, 연부병, 백견병 등은 모두 세균에 의해 발병되는 것으로 고온다습하고 통풍이 불량한 것이 주된 원인으로 분석되고 있다.

▶흑반병(黑斑病, Black rot)의 특징은 검은색 반점이 난 잎에 나타나 점점 확대되어 괴사하는 병으로 탄저병과 비슷하다.

온실습도가 높고 난석에 습도가 많아서 통풍이 불량한 때 나타나는 병으로 농약으로는 벤레이트, 만코지, 톱신M 등이 있다.

▶근부병(根腐病, Rhizoctonia root rot)의 증세는 토양에 의한 감염으로 고온다습할 때 통풍이 불량하고 유기질비료의 과다사용으로 발병한다.

뿌리가 썩는 병으로 심하면 가구경까지 상하게 된다.

방제약으로는 스트렙토마이신, 톱신M이 있으며 썩은 뿌리를 잘라내고 약물에 침지 하였다가 심는다.

▶연부병(軟腐病, Bacterial rot)은 고온다습한 상태에서 통풍이 불량하여 새싹의 기부에서부터 위쪽으로 갈색 빛으로 변하다가 검게 되며 가구경도 검은색으로 변하며 썩어서 냄새가 난다.

방제약으로는 스트렙토마이신과 같은 농업용 마이신종류의 약으로 치료가 가능하며 상한 부분을 처치하고 살수로 깨끗이 씻은 다음 심는다.

▶백견병(白絹病, Southern blight)은 토양전염성 곰팡이에 의해 가구경과 뿌리 사이에서 발생한다.

명주실 같은 작은 균사가 난석과 뿌리에 퍼진다.

30℃ 이상의 고온이 며칠 계속되는 때에 과다 관수를 하거나 장마가 들어 지나치게 습도가 높은 상태가 된 때에 발병을 한다.

적합한 방제약이 없으므로 분갈이를 할 수 밖에 없으며 살수에 깨끗이 씻고 벤레이트 용액에 침지하였다가 새분과 새식재로 심는다.

❷ 곰팡이병

곰팡이에 의해 발병이 되는 엽고병과 탄저병 그리고 회색곰팡이병에 대하여 알아본다.

Ⓐ 탄저병(炭疽病, Anthracoid)은 난 잎에 검은색 반점이 나타나 점차로 번져가는 병이다.

처음은 황색으로 둥글게 생겨나서 갈색으로 변하며 병이 진행됨에 따라 검은 부위에 알갱이 같은 포자덩어리가 생기는 것을 볼 수 있다.

벤레이트, 지네브, 톱신M을 살포하여 방제하며 잎 면에 수분이 없게 건조하게 격리 재배한다.

Ⓑ 엽고병(葉枯病, Cym tip barn)은 잎 끝 부분이 갈색으로 변하기 시작하여 전체로 차츰 번져 고사하는 병으로 처음에는 흑갈색의 움푹 파인 반점이 생긴다.

병원균은 Cylindrosporium sp.이며 발병의 원인은 다습 고온 환기불량에서 오는 것으로 각별한 주의를 요하며 방제약으로는 마이신, 만코지, 벤레이트 등이 있다.

Ⓒ 회색곰팡이병(Botrytis petal blight)은 주로 양란의 꽃잎에 나타나는 작고 둥근 갈색반점으로 연부병과 비슷하게 근부 쪽에서 발생하기도하여 연부병과 혼돈을 일으킬 수 있다. 처치 약으로는 톱신M을 살포한다.

❸ 바이러스병(Virus)

바이러스에 의한 발병은 애란인에게는 큰 걱정거리가 아닐 수 없다. 왜냐하면 현재도 원인 규명이 되지 않을 뿐만 아니라 인간에 있어 암과 같은 병으로 치료방법이 없기 때문이다.

1950년대 만해도 심비디움 모자이크 바이러스(CYMV, cymbidium mosaicvirus)와 오돈토글로썸 둥근무늬 바이러스(ORSV, odontoglossum ringspotvirus)의 2종류만이 알려져 왔는데, 그 후로 많이 늘어나 23여 종에 달한다고 한다.

이 바이러스병은 2년 정도의 잠복기를 거쳐 발생하는 것으로 모자이크의 형태, 쭈글쭈글한 줄무늬의 형태, 얼룩얼룩한 반점의 형태 등 다양한 형태로 난 잎에 나타난다.

분주 때 사용하는 칼, 가위, 손 같은 접촉에 의한 전염과 개각충이나 진딧물과 같은 매개체에 의해 전염 된다고 알려져 있다.

사람이나 가축은 선천적으로 면역기능을 가지고 있기 때문에 바이러스병에 걸리더라도 자연 치유 될 수 있다.

식물의 경우에는 이러한 면역기능이 없기 때문에 바이러스병에 걸리면 일생동안 바이러스를 지니게 되므로 확실한 치료방법이 없다.

다만 바이러스에 걸리지 않도록 위생관리를 철저히 함으로써 이 병을 방제할 수 있다. 감염된 난은 상태에 따라 격리 재배를 하거나 소각하는 것이 바람직하다.

❹ 충해(蟲害)

난의 충해는 제일 많은 것이 깍지벌레이고 민달팽이, 달팽이, 응애, 진딧물 등이 있으나 과습하지 않고 통풍이 원활한 곳에서는 걱정할 정도는 아니다.

▶깍지벌레(개각충, 介殼蟲) : 잎의 앞면과 뒷면에 붙어 난 잎의 즙액을 빨아먹고 또 기부의 깊숙한 습한 곳에 많이 모여 번식하고 있다.

통풍이 불량하고 다습이 장시간 계속될 때 생겨 나오는 벌레이며 구제 후에도 잎에 흰 반점이 지워지지 않아 표시가 나며 번식력이 강하므로 세심하게 처리해야 한다.

처치약으로는 세시미, 스프라사이드, 오소박스, 스미치온 등이 있다.

▶민달팽이와 달팽이 : 껍질이 없는 달팽이가 민달팽이로 피해가 달팽이보다 더 크며 낮에는 음습한 가구경 쪽으로 내려가 있다가 밤이 되면 올라와 활동을 한다.

주로 어린 싹과 꽃눈 등을 갉아 먹는 피해를 준다.

이동할 때 달팽이 체액으로 인해 난 잎에 끈적이며 반짝거리는 흔적이 있어 달팽이가 있음을 바로 알 수가 있다.

　나메톡스를 살포하거나 오이를 얇게 잘라 화분 위에 올려두었다가 잡기도 한다.

　▶진딧물 : 고온다습 할 때 통풍이 불량하면 발생하고 어린 잎과 꽃대에서 즙액을 빨아 먹는다. 처치약으로는 세시미, 코니도 등이 있다.

　▶응애 : 고온건조기에 발생하며 잎 뒷면에서 서식하고 난 잎의 즙액을 먹고 살아간다. 약으로는 오마이트, 마이캇, 데드란 등이 있다.

園丁露根墨蘭圖(호암미술관소장)
상해 망명 때 園丁閔泳翊은 한일 합방의 비보를 접하고 통한의 심정으로 뿌리 뽑힌 난을 그렸다.

5. 동양란 월별관리

기상청 자료에서 우리나라 기후의 30년 평균값을 보면 봄, 가을의 기온은 5~25℃로 이동성 고기압의 영향으로 맑고 건조한 날이 많다.

여름철 기온은 18~36℃로서 고온다습한 북태평양 가장자리에 들어 무더운 날씨가 된다.

겨울은 -17~10℃이며 한냉건조한 대륙성 고기압의 영향을 받아 춥고 건조한 것이 특징이다.

강수량은 제주가 1450~1850mm, 남부지방이1000~1800mm, 중부지방이 1000~1400mm로 나타났다.

그러나 최근에는 기후가 크게 변화하는 경향이 있어 예견하기 어려우나 참고하시기 바란다.

1) 봄철 재배관리

(1) 3월의 난 관리 : 驚蟄-5日, 春分-20日

서울지방 3월의 최고기온 16.2℃, 최저기온 -5.7℃, 월 평균은 5.1℃ 평균습도 51.8% (2012년도 기상청 자료)

하루가 다르게 한기는 누그러들고 경칩이 지나면 완연한 봄 날씨가 된다. 춥고 지루하던 겨울이 물러나고 따스한 봄 햇살이 내리면 동면에서 깨어나 생기 있게 생장활동을 시작하여 난실은 활기를 찾는다.

애란인들의 큰 잔치인 전시회가 여기저기에서 개최되어 서로 교류하며 즐기는 모습은 1년 동안 난을 관리해 온 손길의 수고를 알 수가 있다.

집안에서도 활짝 핀 난분 하나를 거실 탁자위에 올려 두고 청향과 더불어 훈욕(薰浴)을 가족들과 즐기는 것은 난을 사랑하는 사람들의 즐거움이 아닐 수 없다.

① 장치(裝置)와 관리(管理)

휴면장소에서 재배장소로 난을 옮기고 앞쪽으로 춘란, 뒤쪽으로 한란과 혜란을 두며 새싹이나 오는 쪽을 앞으로 하여 햇빛 받음을 좋게 한다. 가끔 난분을 앞뒤로 돌려가며 고루 햇빛을 받게 하는 것도 재배의 한 방법이다.

초순은 추위가 계속되기 때문에 본격적으로 재배하기는 이르다. 봄빛이 두터워짐에 따라 낮에는 순간적으로 온도가 상승하는 경우가 있으므로 낮에는 창을 열어주고 오후 기온이 내려가기(해지기) 전에 창문을 닫아준다.

아무리 날씨가 따뜻하다고 해도 성급하게 난실 밖에 두는 것은 아직 이르다.

차광을 어둡게 했던 온실은 이중(二重) 차광 중에 외측 차광하나를 벗겨 밝게 해주면서 관수도 늘려간다.

중순 이후는 월동을 위해 설치했던 비닐이나 문풍지 같은 시설물을 일부 제거하고 본격적인 재배준비에 들어간다.

월동설비의 완전 철거는 다음 달로 미룬다.

※ 薰浴 : 난향이 만당한 가운데 벗들과 함께 쾌락하게 즐기는 것으로 이는 난향과 더불어 젊어진다는 뜻으로 진시황도 그 향을 구하고저 백방으로 찾아 다녔다는 고사에서 유래한 말이다.

② 채광(採光)과 온도(溫度)

오전 11시까지는 직접 채광하고 그 이후는 실내 차광망을 이용함으로써 온도를 높여주어 고온다습으로 새싹의 발육을 도와준다. 그러나 실내온도가 30℃를 넘지 않도록 유의한다.

맑은 날씨에는 언제나 창을 적당히 열어 통풍이 이루어지게 하고 차츰 채광의 강도를 높여주어 성장을 도와준다.

혜란(蕙蘭)이나 춘란의 엽예품(葉藝品)에 있어서는 일조율이 중요시된다. 강한 햇빛을 받게 되면 잎이 거칠고 엽록소가 없는 부분이 상하게 된다.

그러나 햇빛이 부족하면 무늬가 선명하지 못하므로 적당한 일조량을 조절하는데 유의할 것을 당부한다.

③ 관수(灌水)와 습도(濕度)

기온이 높아지면 자연히 새싹과 뿌리의 생장이 물을 요구하게 되어 관수를 자주 행하게 되는데 식재의 건조와 난의 종류에 따라 관수를 조절한다.

특히 혜란과 한란은 춘란보다 자주 관수를 해야 한다. 관수 할 때 잎에 묻은 물방울이 햇빛을 받거나 밤에 한기(寒氣)를 당하면 갈색으로 변하면서 썩을 수도 있어 관수 후 물방울을 닦아 주어야 한다.

기온이 높아지면서 난실이 건조하기 쉬우므로 자주 바닥에 살수하여 60% 이상의 습도가 유지될 수 있도록 관리한다.

④ 시비(施肥)와 시약(施藥)

유기질비료를 물에 용해하여 엷은 액비를 관수할 때 병행하고 월2회 정도 시행한다.

시비할 때 꼭 준수해야 할 사항은 희석비율이다.

난은 미량의 비료로 생장이 가능한 식물이기 때문에 농도가 진하거나 많은 양의 비료는 해가 될 수가 있다.

시비를 효과적으로 하기 위해서는 "최소양분율"을 적용해야 하는데 자세한 내용은 「재배기술편」 난 비료 사용법에 기술되어 있다.

봄이 되면 각종 병균, 해충의 활동이 시작되므로 예방을 목적으로 방제를 할 것을 권한다.

시약은 한 종류를 계속 사용하는 것보다 면역이 생기지 않도록 종류를 바꿔가며 사용하는 것도 한 방법이다.

⑤ 분갈이 기타

분갈이 시기는 봄과 가을에 행하게 되는데 봄에는 춘분을 전후하여 분주할 분과 분갈이 할 분으로 구분한다.

난은 한번 분갈이하면 3~5년은 그 상태로 생장하게 되는 관계로 잘 잘못에 따라 발육에 큰 영향을 준다. 분갈이 할 때 뿌리는 반듯이 흐르는 물로 씻고 만코지, 톱씽M 등으로 소독을 하여 심는다.

분갈이 한 분은 햇빛과 바람이 닿지 않는 그늘진 곳에서 10여 일 정도 안정을 시킨 후에 일반 난들과 같이 관리하는 것이 바람직하다.

분갈이 한 난에는 착근(着根)이 빠르도록 메네델이나 아토닉 같은 활력소를 시비해 주고 관수(灌水)는 10여 일 매일같이 해준다.

혜란(蕙蘭)의 분갈이는 봄에 하지 말고 새싹이 다 자라는 가을에 행하는 것이 좋다.

(2) 4월의 난 관리 : 淸明-4日, 穀雨-20日

서울지방 4월의 최고기온 29.4℃, 최저기온 0.6℃ 월평균은 12.3℃ 평균습도 54.1% (2012년도 기상청 자료)

지난달 바쁘고 흥분했던 전시회 분위기는 지났지만 아직도 뒷애기로 그 잔영이 남아있고 향기도 코끝에서 일렁이는 듯하다.

봄 날씨는 변덕스러운 때가 많아 꽃샘추위와 함께 바람이 많이 불고 건조하므로 온실의 방한설비는 중순이후에나 철거하는 것이 바람직하다.

밤에는 기온이 내려가 한기를 느끼게 되므로 온실창문을 닫고 밤과 낮의 기온차이를 적게 하여 새싹의 출아에 영향이 없도록 해야 한다.

① 장치(裝置)와 관리(管理)

낮에는 창문을 완전히 개방하고 밤에는 닫아준다.

1년 중 기온차이가 극심한 달이 4월이기 때문에 중순이 지나서 방한설비를 철거한다.

하순부터는 밤, 낮으로 창문을 개방해도 무방하다.

② 채광(採光)과 온도(溫度)

아침 10시까지는 직접 일조해도 상관이 없으나 그 이후에는 차광 아래 둔다.

중순이 지나면 50% 차광하여 난 잎이 일소되는 것을 방지해야 한다. 차광하는 방법은 온실 안쪽의 차광망을 이용함으로써 그늘은 지고온도를 높여주어 고온다습하게 하여 새싹의 생장을 도와준다. 그러나 30℃가 넘게 되면 생장에 장해가 되기 때문에 온실 외측 차광망을 이용하여 고온현상을 방지하여야 한다.

③ 관수(灌水)와 습도(濕度)

관수는 분(盆)이 절반정도 마른 후에 시행하는 것이 이상적(理想的)이라 할 수 있다.

분(盆) 내부의 상태를 알 수가 없으므로 가누마토(鹿沼土)를 사용하는 경우에는 화장토가 하얗게 건조한 상태가 된 때를 관수시기로 한다.

따라서 3~4일에 1회가 적당한 시기라 생각되어지며 재배장소와 환경에 따라 차이가 있을 수 있으므로 각자가 건조 상태를 관찰하여 관수기준을 정해두고 시행하는 것이 좋겠다.

난은 뿌리가 직접 물을 흡수하는 관계로 관수하는 방법은 부드러운 조로를 이용하여 3~4회에 걸쳐 흠뻑 주어야 젖어서 골고루 관수가 된다. 온실 습도는 60% 이상으로 높여야 하기 때문에 바닥과 주변에 자주 살수를 시행한다.

4월은 봄비가 자주 오기 때문에 관수하는데 주의하지 않으면 시기를 놓치게 되므로 청명(淸明)일은 관수를 염두에 두어야 한다.

또 습도가 높은 날에 관수하여 물기가 분속에 오래 머물러 있어 뿌리가 상하는 일이 없도록 주의한다.

한란(寒蘭)과 혜란(蕙蘭)은 화장토가 너무 건조하면 안 되기 때문에 관수를 춘란보다 자주하거나 수태를 덮어주는 것도 한 방법이다.

④ 시비(施肥)와 시약(施藥)

꽃을 피운 난들은 몸살을 하였기 때문에 바로 치비(置肥)를 하는 것보다 메네델 같은 영양제를 한두 번 시비한 다음 일반비료를 시행하는 것이 좋다.

생장기라해서 모든 난에 시비를 하는 것은 좋은 습관이 아니다. 생장상태가 좋은 난에만 일반적인 시비를 하고 약한 난이나 엽예품은 희석비율을 높여 연하게 하여 시비의 부담을 줄여야 한다.

시약은 언제나 예방차원에서 발병 전에 관리하는 것이 좋다. 희석비율을 꼭 지켜 약해(藥害)를 입지 않도록 주의한다.

월 2회 격주(隔週)로 시행하고 병이 생기면 격리하여 관리하는 것도 한 방법이다.

(3) 5월의 난 관리 : 立夏-5日, 小滿-21日

서울지방 5월의 최고기온 29.1℃, 최저기온 12.0℃, 월평균은 19.7℃ 평균습도 54.1% (2012년도 기상청 자료)

5월이 되면 봄은 절정에 이르러 여름인지 구분이 안 되는 더위를 맞게 된다.

난이 생육하기 가장 좋은 5월은 새싹의 왕성한 모습을 바라볼 수 있어 꽃을 감상하는 이상의 즐거움이 있다.

① 장치(裝置)와 관리(管理)

난을 재배하는데 제일 나쁜 곳은 오전 중에 햇빛이 들지 않는 곳과 통풍(通風)이 안 되는 곳과 유해가스, 배기가스가 나오는 곳이다.

난을 재배한다는 것이 정성으로만 되는 것이 아니기 때문에 원산지의 조건을 상기시켜 재배장소(栽培場所)를 설치하는 것이 좋겠다. 난은 지금부터는 외기에서 생장(生長)을 하기 때문에 지금 장치는 초겨울까지 이어진다.

아파트 발코니 같은 곳은 타일로 되어 있기 때문에 반사열(反射熱)에 의하여 난 잎 뒷면이 자극되어 빨리 노화하는 현상이 생기므로 인조(人造)잔디를 깔아서 반사열을 막고 습도유지에도 도움이 될 수 있도록 시설하는 것이 좋겠다.

또 고층아파트에서는 강풍으로 인하여 일어나는 피해가 없도록 관리할 것이며 전면 통유리 때문에 밖으로 차광망을 설치 할 수 없어 발생되는 고온현상을 고려해야 한다.

난을 배치하는 순서는 동남쪽 맨 앞에는 춘란, 뒤쪽으로 한란과 혜란을 배열한다.

② 채광(採光)과 온도(溫度)

햇빛의 이동이 느려 직사(直射)광이 오래 머물게 되므로 주의를 요한다.

아침 11시가 지나서는 춘란은 50%, 한란, 혜란, 잎 무늬 품종들은 70%를 차광한다.

온도상승을 막아 동화작용을 늘리고 호흡작용을 줄여주는 도움을 주어야한다.

여름으로 향하는 관계로 아침햇빛은 좋으나 오후에는 절대 차광해야한다.

강한 햇빛은 난을 피로(疲勞)하게하고 새싹의 생육(生育)에 도움이 안 되기 때문에 차광을 철저히 한다.

기온이 상승하면 통풍, 환기에 유의하며 바닥과 주위를 살수하여 온도를 낮추며 습도유지도 도와준다.

어떠한 경우에도 30℃ 이상의 온도가 되지 않도록 관리한다.

③ 관수(灌水)와 습도(濕度)

습관적으로 며칠에 한 번씩 관수하는 것은 좋은 물 주기가 아닙니다.

버릇이 되면 난은 큰 타격을 입게 되므로 화장토가 마르고 하루 더 지나서 관수하는 것을 원칙으로 하고 일자 조정은 각자 환경에 따라 행한다.

오전 8시경 창을 열어 온실을 환기시킨 다음 1차 관수하고 조금 쉬었다가 다시 한두 차례 흠뻑 관수한다. 대주(大株)는 가구경과 뿌리 쪽에 쉽게 물이 스며들지 않고 더디게 젖어드는 것을 알아야한다.

기온이 높아짐에 따라 관수 횟수가 늘어나게 되므로 분속이 과습이 되지 않도록 통풍을 시키는 일이 중요하다. 고온다습으로 인한 연부병이 발생하지 않도록 주의한다.

하순부터는 관수시기를 아침에서 저녁 해지기 전 후로 바꾸어 시행하는 것이 좋다.

특히 새싹이 자라서 잎이 벌어져 있는 상태에 물이 고여 새싹이 썩는 일이 생기지 않도록 살펴야 한다.

5월의 관심은 새싹의 생장에 있다.

따라서 썩거나 마르는 일이 있으면 기대에 어긋남은 물론 한해 농사를 망치게 되므로 온도, 습도, 통풍에 각별한 주의가 요구되는 달이다. 혜란과 한란은 매일 관수를 하다시피 자주한다.

④ 시비(施肥)와 시약(施藥)

식물이 생장하는 시기에 적당한 비료를 한다는 것은 좋은 방법이나 보다 큰 수확에 욕심을 가지고 시비를 하다보면 과비(過肥)

가 될 염려가 있어 바람직하지 못하다고 생각된다.

 난이 생장하는 조건 중에 비료는 큰 비중을 차지하지 않음으로 비료로 난을 재배한다는 관념을 버려야 한다.

 유기질비료는 월 1회, 화학비료는 1~2회 시행하되 장마가 들면 중단한다.

 고온다습이 병균과 병충의 좋은 조건이 되므로 재배환경을 좋게 하는 것이 중요하다.

 발병 후 치료보다는 항상 예방차원에서 농약을 살포하는 것을 원칙으로 하고 발병 후에는 다른 난에 전염되지 않게 한다.

 전염속도를 늦추게 하는 대책 밖에는 도리가 없으므로 나쁜 환경에서 약으로 치유하고 비료로 키우겠다는 것은 잘못된 생각이다. 따라서 환경을 개선하는 일이 최우선이라 생각한다.

2) 여름철 재배관리

(1) 6월의 난 관리 : 芒種-5日, 夏至-21日

 서울지방 6월의 최고기온 33.5℃, 최저기온 16.3℃. 월 평균은 24.1℃ 평균습도 54.1% (2012년도 기상청 자료)

 더위가 본격적으로 시작되는 여름철 난 관리는 힘이 들고 어려움이 많은 계절이다.

 봄에 돋아난 새싹이 무탈(無頉)하게 여름을 넘기고 가을에 건강함을 볼 수 있다면, 그 해 재배는 성공했다고 생각해도 좋을듯하다. 장마가 시작되면 음산한 기온 아래 습도가 높고 온도까지 높아 난이 웃자라는 현상이 될 수 있으므로 통풍에 유의해야 한다. 우리나라는 6월 하순부터 7월 하순까지 장마가 계속 된다.

① 장치(裝置)와 관리(管理)

아침 햇빛을 3~4시간 받은 후 난은 하루 종일 갈대발 그늘에 둔다. 온실 내에 살수를 자주 행하여 기온을 낮추고 모든 창은 완전 개방한다.

언제나 난 잎이 약하게 흔들릴 정도의 바람으로 공기적체와 찜(蒸)의 현상이 생기지 않도록 주의를 한다.

② 채광(採光)과 온도(溫度)

전월과 같이 10시 이후는 차광을 하고 장마 사이에 쪼이는 햇빛은 피부로 느끼는 이상으로 강열하다.

때문에 난 잎이 타지 않도록 주의를 요하며 어떠한 경우라도 온실기온이 30℃ 이상이 되지 않도록 관리를 해야 한다. 차광망(갈대발)을 높게 설치 차광한다.

난 잎이 살랑 살랑 흔들릴 정도의 통풍은 항상 있어야 찜의 현상을 방지할 수가 있으며 그렇지 않으면 연약하게 웃자랄 수밖에 없다.

③ 관수(灌水)와 습도(濕度)

관수는 전월과 같이하고 오늘이 관수할 날이라도 비가 오게 되면 비 그칠 때까지 기다려 그친 후 청명일에 관수한다.

공중습도가 높을 때에 난 화분이 너무 건조하면 장마가 멎은 후에 근부(根腐)를 일으킬 수가 있다.

고온다습으로 인하여 병충해의 발생이 많은 시기이므로 농약 살포는 물론 통풍, 환기를 시키는데 총력을 기울여야 할 것이다. 여름철 관수의 온도는 기온보다 조금 낮은 것이 좋고 겨울철은 기온보다 조금 높은 온도의 물로 관수를 한다.

④ 시비(施肥)와 시약(施藥)

　장마가 들기 전까지는 시비를 하여도 무방하나 장마가 들고 폭염이 시작되면 일체 시비를 중지한다.

　수용성 비료는 희석비율을 꼭 지키고 때로는 비율을 더 낮추어 사용하는 것도 도움이 된다.

　누차 말한 바와 같이 욕심을 가지고 시비를 하게 되면 난은 주인을 떠나게 되므로 시비에 지나친 욕심을 버려야한다.

　기온이 30℃가 넘을 때는 생장을 일시 멈추고 휴면 상태가 되므로 비료를 흡수 할 수가 없다. 때문에 시비를 하는 것은 분속에 농도만 축적시켜 근부의 요인이 될 뿐 난에는 도움이 되지 않는다.

　시약은 예방차원에서 살포하는 것이 최상의 방법이며 장마 사이 청명(淸明)일이 되면 무조건 약을 살포한다.

　새싹은 연약하기 때문에 살포 후 물로 씻어주는 것을 잊지 말 것이며 동일한 약을 계속 사용하지 말고 여러 종류의 약을 번갈아 사용하는 것이 내성을 억제하는데 도움이 된다.

(2) 7월의 난 관리 : 小暑-7日, 大暑-22日

　서울지방 7월의 최고기온 33.2℃, 최저기온 18.5℃ 월 평균은 27.1℃ 평균습도 73.8% (2012년도 기상청 자료)

　7월은 여름의 중심에 있어 중순까지는 장마가 계속 되다가 장마가 끝나면서 폭염(暴炎)이 내려 쪼이는 계절이다.

　과다한 습도에 의해 난 잎은 습기를 흡취하게 되어 웃자라는 관계로 강한 광선에 매우 약하다.

　이중 차광에 온 정성을 쏟아야 한다. 그렇지 못하면 잎이 갈색으로 탄 뒤에야 후회를 하게 된다.

 봄에 돋은 새싹은 자라면서 잎 장수가 벌어져 제법 자태를 들어내고 뿌리도 활발하게 성장하는 때라 노엽(老葉)이 누렇게 변하는 것을 볼 수 있다.

 이는 신근아(新根芽)에게 생장력을 빼앗긴 세대교체의 하나이므로 크게 걱정할 일은 아니다.

 ① 장치(裝置)와 관리(管理)
 아침에 잠시 직사광선을 받게 한 다음 창의 안과 밖으로 이중 차광 아래 둔다.

 70% 이상을 차광해주면 일시적으로 어두운듯하지만 새싹(新芽)에는 영향이 없다.

 온실에서는 지붕 밖과 안쪽으로 차광망을 설치 할 수 있어 그늘과 시원함을 동시에 얻을 수 있으나 아파트 발코니에서는 그렇지 못한 경우가 있어 온도상승 억제에 어려움이 따른다.

 ② 채광(採光)과 온도(溫度)
 전월과 같이 햇빛이 강하므로 차광을 지붕 안팎으로 이중으로 하여 일소를 방지하고 통기를 시켜 찜의 현상을 막아준다.

 바람이 난초를 키운다 하는 격언이 있다.

 난의 생장은 30℃ 정도에서 억제된다고 한다. 30℃를 넘게 되면 난은 생육을 정지하기 때문에 야간의 온도가 높으면 낮에 광합성으로 얻은 양분을 밤에 호흡작용을 하는데 소비하고 만다.

 따라서 야간에는 상승된 온도를 낮추는데 주력해야 하며 주야 온도 차이는 15℃ 정도가 이상적이라고 한다.

③ 관수(灌水)와 습도(濕度)

관수는 전월과 같이 저녁나절에 시행할 것이며 언제나 흠뻑 관수하는 것을 잊지 말아야 한다.

새싹의 벌어진 잎 사이에 물이 고여 연부(軟腐)가 생기지 않도록 주의하고 면봉으로 닦아준다.

장마철 관수 시기는 장마 중에 틈틈이 청천(晴天)이 되면 기회를 놓치지 말고 관수 할 것을 권한다.

장마가 그치고 나면 새싹과 뿌리가 급격히 신장하기 때문에 난분속의 건조가 빨라지게 되므로 관수를 자주해 주어야 된다.

④ 시비(施肥)와 시약(施藥)

성하(盛夏)에는 시비하는 것을 일체 중지하는 것은 물론 8월 까지도 중단한다.

살균제와 살충제는 전월과 같이 격주로 살포해 주며 잎은 방제약에 민감함으로 농도를 약하게 하여 사용하는 것이 좋겠다.

⑤ 화아분화(花芽分化)

춘란 종류는 장마가 끝나고 기온이 30℃ 이상 상승하는 시점을 택한다. 작은 분은 7일정도 관수를 중단함으로써 꽃눈이 생기게 된다는 것이 학술적으로도 증명됨에 따라 실행에 옮겨보아도 무방할 것으로 생각한다.

(3) 8월의 난 관리 : 立秋 - 7日, 處暑 - 23日

서울지방 8월의 최고기온 36.7℃, 최저기온 18.7℃ 월 평균은 27.1℃ 평균습도 68.0% (2012년도 기상청 자료)

8월 초순에 내려 쪼이는 햇빛은 아스팔트를 녹일 듯 강렬하고 후끈거려 난도 사람처럼 견디기 어렵다.

그러나 여름의 막바지에 와있어 기온상승에 따른 걱정보다는 서양(西陽)햇빛이 강하기 때문에 서양햇빛을 차단하는데 더 큰 염려가 있어야 하겠다.

하순에 이르면 소심란의 꽃이 피기 시작하고 춘란의 꽃봉오리도 화장토(化粧土)를 비집고 올라오기 시작하므로 무덥고 지루하던 마음이 위로가 되기도 한다.

① 장치(裝置)와 관리(管理)

여름철 난 관리는 더위와 습도의 피해를 막는 일이다. 따라서 차광의 효율을 높이고 통풍으로 환기를 시키는 일이 관리의 전부이다.

그러나 난이 생장할 수 있게 조도가 조절되고 환기가 잘되는 좋은 환경에서는 큰 문제가 없다.

적절하지 못한 환경에서 기술과 비료로 난을 재배하려는 것보다는 재배환경이 좋도록 준비된 곳에서 난이 스스로 자라도록 하는 것이 더욱 효과가 크다는 것을 오랜 경험으로 알 수가 있다.

② 채광(採光)과 온도(溫度)

오전 9시 이후에는 차광을 하는데 춘란은 50%, 한란, 혜란들은 70% 이상을 필요로 한다.

난 잎이 살랑살랑 흔들릴 정도의 바람이 늘 필요하며 그렇게 통풍하지 않으면 웃자라거나 난 잎이 허약하게 되기 쉽다.

중순이 지나면서 아침저녁으로는 가을 정서를 느끼게 되므로 더위로 인한 걱정은 덜 하게 된다.

③ 관수(灌水)와 습도(濕度)

오전에 관수하는 것은 잘못하면 찜의 현상이 생길 우려가 있으므로 저녁시간을 이용하여 언제나 듬뿍 관수한다.

표토(表土)가 하얗게 마르고 하루가 더 지난 다음 관수하는 것이 적기로 생각하며 보통 2~3일에 1회 관수하는 꼴이 될 것으로 생각된다.

열대야 현상이 생길 때에는 선풍기를 강하게 이용하는 것보다 원산지의 스콜(squall)이 온 것 같이 바닥과 주변을 살수하거나 잎에 실린지(syringe)를 해주는 것이 효과가 있다. 그러나 여름철 과습은 가구경에 가까운 뿌리가 검게 변화되므로 주의를 요한다.

④ 시비(施肥)와 시약(施藥)

전월과 같이 9월까지는 일체 시비를 중지하며 잿물을 2,000배로 희석하여 시행함으로써 장마철에 웃자란 잎과 새싹을 튼튼하도록 도와준다.

살균, 살충을 위한 방제는 게을리 해서는 안 되며 연부병, 깍지벌레, 민달팽이 등이 극성을 부리는 시기이므로 일주일 간격으로 살포한다.

거듭 강조하거니와 발병의 원인은 과습, 통풍불량으로 난이 연약해지면서 생기는 것으로 환기는 매우 중요한 것이다.

난은 주인의 발자국 소리를 듣고 자란다고 했던 가요?

이 어려운 8월을 넘기면 난은 자는 듯 자라서 큰 기쁨을 가져다 줄 것이다.

3) 가을철 재배관리

(1) 9월의 난 관리 : 白露-7日, 秋分-23日

서울지방 9월의 최고기온 29.5℃, 최저기온 12.0℃, 평균온도는 21.0℃, 평균습도 65.2% (2012년도 기상청 자료)

초순에는 늦더위와 태풍의 위험이 남아 있어 방심할 처지가 아니다.

중순이 지나면 대기도 안정되고 청량(淸凉)한 기운이 날로 더해 맑은 하늘에는 약운(鰯雲)이 높게 널리는 가을 풍정(風情)을 느끼게 하는 계절이다.

춘란의 꽃봉오리가 붓 모양으로 솟아 있고 한란의 꽃도 멀지 않아 피어날 기미라서 가을의 넉넉함을 더해준다.

① 장치(裝置)와 관리(管理)

발코니에서 삼복의 더위를 이겨낸 난들이 힘 있게 생장하는 모습을 보면서도 태풍의 걱정이 남아있다.

고층 아파트 발코니 창문이나 온실 천창(天窓)등을 미리 대비하고 혜란광엽이나 한란 등은 바람의 피해가 클 수 있으므로 각별히 유념할 것이다.

중순 이후부터 분갈이, 춘란화통, 비료 등을 준비하면서 한 해의 재배를 마무리하는 작업에 임한다.

② 채광(採光)과 온도(溫度)

오전 11시까지 직사(直射)광을 보이고 그 이후는 차광해 주며 건조한 기후관계로 다습(多濕)에 의한 피해는 없을 것이다.

가을은 잎이 단단해지고 가구경(假球莖)을 굵게 하는 역할을 함으로 70% 차광했던 춘란들도 50%로 채광을 늘려 주어야 한다.

③ 관수(灌水)와 습도(濕度)

초순에 늦더위가 있을 때는 전월과 같이 관리한다.

기온이 조금씩 내려가면 관수 횟수를 줄여 건조한듯하게 재배한다.

이는 계절적 의미를 갖는 것으로 앞으로 휴면에 들기 위한 길들이기의 한 방편이며 자연의 생리를 따라가는 현상이기도 하다.

채광에서 말씀드렸듯이 건조하게 통풍과 습도를 조절해주면 가구경을 키우는 역할을 하게 되고 잎도 긴장(緊張)하게 되어 강해진다고 한다.

④ 시비(施肥)와 시약(施藥)

중순(中旬) 이후 늦더위가 지난 다음 희석비율을 엷게 하여 실행할 것이며 꽃봉오리를 맺은 난분(蘭盆)에는 시비를 하지 않는 것이 좋다.

균(菌)에 대한 시약은 여름철 같이 살포할 필요가 없으나 월 2회 살포하고 특히 한란 꽃봉오리의 진딧물은 붓으로 털어야하며 농약은 꽃을 상하게 한다.

⑤ 분갈이, 화통(花筒)

추분을 전후하여 가을 분주(分株)나 분갈이를 해야 할 난은 옥화(玉花), 건란(建蘭), 소란(小蘭) 등이다.

살수로 뿌리를 씻고 약물로 소독하고 사용도구와 손까지도 철저히 소독한 다음 심는 작업을 행한다.

심을 때 가구경 바로 밑까지 작은 난석을 꽉 채우는 것을 잊으면 안 된다.

그리고 10여 일 동안 햇빛과 바람이 닿지 않는 곳에서 안정시킨 다음 일반 난과 함께 재배한다.

안정시키는 동안 매일 관수를 하며 활력소(活力素)도 함께 주어 착근을 돕는다.

꽃봉오리가 붙은 난은 원칙으로 분주(分株)를 하지 않는 것이 바람직하다.

중순 이후 춘란 꽃봉오리에 화통(花筒)을 만들어 씌우고 직접 광선이 닿지 않게 관리해주면 후일에 꽃이 피었을 때 투명하고 잡색이 없다.

특히 한국 춘란의 색화(色花)에는 필수적으로 화통을 하여 엽록소의 발현(跋現)을 방지해 주어야만 순수 화색을 감상할 수 있다.

(2) 10월의 난 관리 : 寒露-8日, 霜降-23日

서울지방 10월 최고기온 26.0℃, 최저기온 2.8℃ 월평균은 15.3℃ 평균습도 58.2% (2012년도 기상청 자료)

한란의 꽃대가 쑥쑥 자라 중순이 지나면 반겨줄 채비를 하고 가을바람은 나날이 서늘한 기운이 더해 햇빛은 기력을 잃은 듯 더위는 없어져 간다.

10월은 한해 재배 마지막 손질을 하는 달이다. 꽃대가 구부러지지 않게 화분을 돌려가며 광선을 고루 받게 해주어야 한다.

① 장치(裝置)와 관리(管理)

밤 기온이 내려가는 10월은 찬이슬과 서리가 내리기도 한다. 그리고 늦가을 비가 올 때 옥외(屋外)에서 재배하던 난들은 절대로 비를 맞추어서는 안 된다.

새싹과 꽃봉오리에 상처가 입는 것은 물론 뿌리가 상하는 경우도 생긴다.

옥외에서 재배하던 난은 옥내로 옮기고 서서히 겨울을 맞을 준비로 오전 광선을 충분히 채광시켜 가구경(pseudo-bulb)의 성장을 도와준다.

② 채광(採光)과 온도(溫度)

초순은 전월과 같이 채광해 주나 중순 이후는 12시까지 직사광을 쪼여줄 필요가 있다. 이는 잎에 탄력을 주고 뿌리와 가구경에 도움을 주기 때문이다.

온실에서 창문을 모두 닫은 상태는 순간적으로 고온이 될 수 있다. 따라서 밤이라도 10월은 창을 열어두는 것이 좋다.

③ 관수(灌水)와 습도(濕度)

공기가 건조해짐에 따라 난분(蘭盆)이 빨리 마르기 때문에 관수를 자주하게 되며 기온이 낮아짐에 따라서 관수시간을 오전으로 변경하여 10시 경에 행한다.

특히 광엽혜란(廣葉蕙蘭)은 물을 춘란보다 자주 관수하는 것이 좋으며 건조한 듯하게 재배하게 되면 잎 길이가 짧아지고 폭도 좁아져 볼품이 없을 뿐 아니라 노쇠현상이 빨리 오게 된다.

한란도 다습을 좋아하는 관계로 건조하게 기르면 새싹의 발육이 늦고 난 잎의 크기도 짧아진다.

④ 시비(施肥)와 시약(施藥)

꽃봉오리가 있는 주(株)와 잎 무늬가 있는 난을 제외하고는 약하게 시비를 한다. 비료는 치비보다는 화학배합액비를 월 2회 정도가 적당하다.

전술한 바와 같이 난은 많은 비료를 요구하지 않기 때문에 시비에 욕심을 가질 필요는 없다.

기온이 낮아짐에 따라 균이나 곰팡이들은 약해지겠으나 깍지벌레(개각충)를 비롯한 해충의 피해는 여전할 것으로 생각되어 방제를 규칙적으로 해야 한다.

(3) 11월의 난 관리 : 立冬-7日, 小雪-22日

서울지방 11월의 최고기온 15.7℃, 최저기온 -3.0℃ 월평균은 5.5℃ 평균습도 57.2% (2012년도 기상청 자료)

대기온도가 15℃ 이하로 내려가는 가을을 맞게 되면 모든 식물은 생장하는 것을 멈추고 스스로 휴면을 준비하게 된다.

그 방법은 식물에 따라 다르나 대개는 낙엽으로 잎을 떨어뜨려 동화작용을 중지하면서부터 생장활동을 중지하고 휴식을 갖게 된다. 따라서 난도 잎은 항상 푸르지만 주위 여건에 맞게 휴면시키는 것이 이듬해 생장에 도움이 된다.

난실에는 한란꽃이 예닐곱 송이가 다소곳한 모습으로 청향(淸香)을 흘려 마음을 한가롭게 붙잡아 외출도 꺼리게 되는 늦가을이다. 그러나 이내 겨울 동면에 들게 되면 아쉬움과 함께 모처럼의 한가한 시간을 얻게 된다.

① 장치(裝置)와 관리(管理)

아침저녁으로 한기를 느껴 걱정스러울 때가 있으나 영하로 내려가는 날을 제외하고는 현재와 같은 장소에 두고 관리한다.

중순이 지나면서부터 된서리가 내리게 되므로 추위를 꺼려 하는 한란(寒蘭), 혜란(蕙蘭), 사란(絲蘭), 유묘(幼苗) 등은 월동장소로 옮긴다. 춘란들은 소설이 지나 하순경에 월동장소로 옮기는 것이 좋다.

② 채광(採光)과 온도(溫度)

늦가을의 햇빛은 가구경을 크고 튼튼하게 하는 역할을 하므로 오전 12시까지 직사광을 받게 하며, 창은 일부를 열어 기온이 상승되는 것을 막는다.

낮 길이도 짧아지고 일사도 약해짐에 월동장소로 옮기기 전까지 최대한 채광을 시켜준다.

난분(蘭盆) 수가 적으면 난대에 걸어 잎은 차광하고 분만 채광하면 새싹과 가구경에서 눈터지는 힘을 축적한다고 하는데 아직 경험해 본 적이 없다.

③ 관수(灌水)와 습도(濕度)

낮 시간이 짧고 햇빛이 약해짐에 따라 건조가 더디게 됨으로 관수시간이 자연 늦추어 지게 된다.

생장기가 아니기 때문에 많은 물을 요구하지도 않으므로 주 1회 관수가 적당할 것으로 생각되며 적절한 습도유지는 언제나 요구되는 것이다.

④ 시비(施肥)와 시약(施藥)

잿물 2000배 용액을 2회 정도 시비할 뿐 다른 비료는 필요하지 않다. 방제는 보험 드는 기분으로 행할 것이며, 살균제와 살충제는 내년 봄까지 중단한다.

한란 같은 경우 비료를 아주 엷게 하여 꽃 피우는데 소비된 양분을 약간 보충해 주는 뜻으로 시비하는 방법도 있다.

◆ 월동장소와 기간

❶ 온실

온실이라고 해서 여름철에 재배하듯이 관리하는 것은 좋은 방법이 아니므로, 부직포와 비닐을 이용하여 이중으로 방한 및 차광을 한다.

춘란을 기준으로 무가온(無加溫) 상태에서 최저기온이 영하가 되지 않고, 최고기온도 10℃ 이상이 되지 않도록 관리될 수 있는 곳으로 월동장소를 만들어 휴면시킨다.

❷ 다용도실

아파트 생활이 많은 주거환경 관계로 겨울철에는 온도는 높아지고 건조해지는 것이 난에 있어서는 문제가 되고 있다.

아파트에서 고온에 영향을 받지 않고 영하로 내려가지 않는 곳이 다용도실이다.

외벽측과 바닥에 스티로폼을 깔고 종이상자에 난 화분을 넣으면서 분 사이는 신문지를 구겨 채워 넣어 휴면 관리하는 것이 가장 좋은 방법으로 여러 해 경험해 보았다. 아주 추운겨울 날씨에 염려가 생기면 담요를 덮어 차일(遮日)을 치고 전등을 하나 켜주면 영하로 기온이 내려가는 일은 없을 것이다.

❸ 월동기간

혜란, 한란 종류는 11월 중순부터 월동에 드는 것이 좋다. 춘란은 기온에 따라 11월 말이나 12월 초순부터 2월 초순까지로 70여 일 월동시키는 것이 적당할 것으로 생각한다.

4) 겨울철 휴면관리

(1) 12월의 난 관리 : 大雪 - 7日, 冬至 - 21日

서울지방 12월의 최고기온 7.1℃, 최저기온 -14.5℃ 월평균은 -4.1℃ 평균습도 57.0% (2012년도 기상청 자료)

겨울은 모든 식물이 잠을 자는 계절이므로 생장활동과 생식활동을 멈추고 휴면을 취하고 있다.

탄소동화작용과 증산작용은 거의 중지되고 있지만 호흡작용은 하고 있으므로 영양은 소모된다. 그렇다고 가온재배가 아닌 곳에서는 온도를 높이거나 시비를 하여 관리가 잘못되는 경우에 새봄의 생장에 장해 요인이 될 수 있다.

난은 20℃ 전후가 되면 생장활동이 시작된다고 한다. 따라서 온실의 낮 온도가 15℃ 이상이 되지 않도록 하고 밤 온도가 5℃ 이하가 되지 않게 다스려야 충분한 휴면이 될 것으로 생각한다.

① 장치(裝置)와 관리(管理)

휴면기를 맞아 지난달 말 월동할 장소에 난을 옮겨 두었으리라 생각된다. 채광, 관수 등 모든 조건을 극소화하고 바람도 닿지 않고 주야의 온도변화도 적은 곳이 적소라 말씀 드린 바 있다.

약간의 환기는 있어야 할 것으로 사료된다.

단독주택은 움집, 아파트 다용도실 같은 곳이 최적의 월동 장소이다.

기존 온실을 이용할 때는 외부 덮개를 철저히 하여 햇빛으로 인한 실내 온도상승이나 밤에 영하로 내려가는 일이 없도록 주의한다.

② 채광(採光)과 온도(溫度)

중순 이후가 되면 찬 기운이 심하게 되므로 냉기를 막아준다는 염려가 과보호되지 않도록 하여야 한다.

난에 따라 최저온도가 조금씩 다르게 말하나 춘란은 최저 5℃ 전 후면 겨울나기에 적정 온도라 생각하여 5~10℃를 유지되면 충분할 것 이다.

춘란은 5~10℃, 한란, 혜란은 10~15℃가 월동온도로 알려져 있다. 특히 춘란은 일정기간의 저온을 겪지 않으면 꽃을 잘 피우지 못한다.

관리의 문제는 최고온도를 15℃ 이상이 되지 않도록 꼭 준수해야 한다는 것이다.

15℃ 이상의 온도에서 겨울을 나게 되면 주위가 건조하여 꽃망울이 말라서 꽃을 피우기 어렵고 새싹이 약하게 출아하는 것을 볼 수 있다.

본인의 경험으로는 사과상자에 난 화분을 넣어 다용도실에서 담요로 차일을 처서 덮어주고, 밤낮으로 광선 없이 겨울을 휴면시킨 결과 좋은 성과를 얻었다.

색화(色花)는 일찍부터 화통으로 차광하여 발색을 유도해야 하고 자화(紫花)계통은 화통 없이 발색하는 것이 더 좋은 효과를 얻을 수도 있으므로 각자의 경험이 요구된다.

③ 관수(灌水)와 습도(濕度)

겨울철 관수는 생장기와 달리 바람 없는 청명일 오전에 행하여야 한다. 해가 지기 전에 분속에 물기(물방울)가 없도록 해야 하며 월 1~2회 관수로 충분할 것으로 사료된다. 관수 온도는 기온보다 조금 높은 온도의 물을 사용한다.

④ 시비(施肥)와 시약(施藥)

가온 재배를 목적으로 관리하는 경우에는 월 2~3회 시행해야 하겠으나 그렇지 않은 경우에는 시비, 시약 모두 필요하지 않다.

(2) 1월의 난 관리 : 小寒-6日, 大寒-21日

서울지방 1월의 최고기온 8.4℃, 최저기온 -12.2℃ 월평균은 -2.8℃ 평균습도 48.9% (2012년도 기상청 자료)

황량한 겨울 풍광이 을씨년스러운 중에도 새해를 맞으면 난에 대한 기대는 언제나 긴장되고 설레는 마음이 가슴을 벅차게 한다. 누구든 처음 몇 해는 원칙을 지키며 잘 재배하다가 수년이 지나게 되면 아류(我流)가 생겨 세심한 신경을 게을리 한다.

대충대충 멋만 내다보면 난이 상하는 경우가 생겨 취미의 즐거움을 잃어버리는 경우도 있게 된다.

하순은 대한으로 살을 에는 추위가 찾아와 추위에 잘 견디는 춘란도 힘들어하는 느낌을 받을 때가 있다.

휴면기간에 추위를 너무 의식하여 과보호하는 일이 없어야 한다. 다시 말해 춘란은 10℃ 이상이 되지 않도록 주의한다.

① 장치(裝置)와 관리(管理)

다용도실이나 움집 같은 곳에서는 일광으로 인한 온도상승의 염려는 없다. 온실이나 발코니 같은 곳에서는 순간적으로 고온이 될 수 있으므로 직사광을 차단하고 환기를 시켜야 한다.

저온에서 월동한 난은 뿌리와 잎 모두가 건강하고 화색도 좋아 난을 키우면서 만족을 느끼게 된다.

② 채광(採光)과 온도(溫度)

휴면중의 난에는 온도가 높은 것은 금물이다.

온도가 높아지면 난이 활동을 하게 되므로 실질적으로는 생장이 되지 않으면서 많은 에너지를 소모하는 현상이 생긴다.

때문에 생장기에 난이 허약체질이 되어 버린다.

그리고 잎이 약하고 웃자람이 있어 조로 현상이 나타나 노화가 빨리 온다. 온도 관리는 전달과 같다.

③ 관수(灌水)와 습도(濕度)

맑은 날을 택하여 오전에 월 1~2회 흠뻑 관수하며 매우 추운날씨에는 난 뿌리가 동해를 입을 수가 있기 때문에 따뜻한 날을 택함이 좋겠다.

④ 시비(施肥) 시약(施藥)

휴면 시기에는 생장활동이 중지되고 기온이 낮은 관계로 비료를 흡수할 수 있는 조건이 되지 않으므로 시비할 필요가 없다. 또한 세균성인 박테리아와 곰팡이류는 활동을 할 수 없는 시기이므로 시약도 필요로 하지 않는다.

(3) 2월의 난 관리 : 立春 - 4日, 雨水 - 19日

서울지방 2월의 최고기온 12.1℃, 최저기온 -17.1℃ 월평균은 -2.0℃ 평균습도 51.8% (2012년도 기상청 자료)

절기로는 입춘이 되어 봄이 왔음을 알려주나 변덕이 많은 봄날씨에는 온실을 전면 개방하면 안 된다.

춘란 중 개화가 빠른 중국춘란은 2월에 꽃을 피워 난실 가득히 향을 채우나 주위의 한파는 침묵을 지키고 있어 중순까지는 휴면

상태 로 계속 두다가 차츰 개화 준비를 한다. 중순 이후부터 꽃대도 신장시키고 발색을 위한 작업도 서서히 행하는 일로 봄을 맞는다.

① 장치(裝置)와 관리(管理)

포근한 날씨가 계속되어도 완전히 해빙이 된 것이 아니기 때문에 초순은 전월과 같이 관리한다.

중순 이후부터 차츰 햇빛도 보이면서 춘란전시회에 맞추어 준비를 위한 여러 가지 손질이 필요하게 된다.

한국춘란의 색화는 물론 중국춘란 최고의 색인 담록색(淡綠色)을 연출하는데도 채광의 강약이 요구된다.

② 채광(採光)과 온도(溫度)

휴면에서 생장으로 옮겨지는 첫째 요인이 기온의 상승이다.

자연의 상태는 환경변화에 따라서 주어지나 인위적인 환경에서는 직접 일조량을 늘리면서 생장에 도움을 주어야 하는 관계로 난실 내의 기온이 순간적으로 지나치게 상승하는 경우가 있어 주의하지 않으면 안 된다.

온실을 완전히 개방한 상태가 아니기 때문에 온도의 큰 변화는 무리가 따르게 된다. 특히 춘란은 꽃대가 움직이지 않은 상태에서 개화를 맞으면 신장하지 않은 채로 꽃이 만개하고 만다.

적정온도에서 2주정도 햇빛을 부드럽게 받게 하면 꽃대를 신장시키고 꽃을 피우는 일에는 전혀 지장이 없다. 개화 된 꽃은 1주일 정도가 제일 아름답다.

많은 사람들의 경험에서 춘란은 월동을 5~10℃에서 70여 일 휴면시키는 것이 중요한 관리방법이라 하니 특별한 비결을 말하기 전에 본인이 경험을 쌓아 체득하는 것이 재배기술이라 여겨진다.

③ 관수(灌水)와 습도(濕度)

중순 이전에는 완전 해동된 상태가 아니어서 생리작용이 활발하지 않기 때문에 뿌리에서 흡수하는 힘이 미약하고 기온이 높지 않아 증산작용도 적어서 물이 많이 요구되지 않는다.

개화관리를 시작하면서부터 관수를 늘이고 습도도 높여주며 관수는 맑은 날의 오전에 온실의 창을 열어 환기시킨 후에 행한다.

관수할 때 수온은 기온보다 조금 높은 물을 사용함으로 뿌리에 자극을 피한다.

특히 꽃봉오리가 물이 묻은 채로 밤에 한기를 맞게 되면 갈색으로 변하면서 부패할 수도 있다.

④ 시비(施肥)와 시약(施藥)

생장기가 아니기 때문에 시비는 요구되지 않으며 만코지를 1회 정도 분무기로 소독할 필요가 있다.

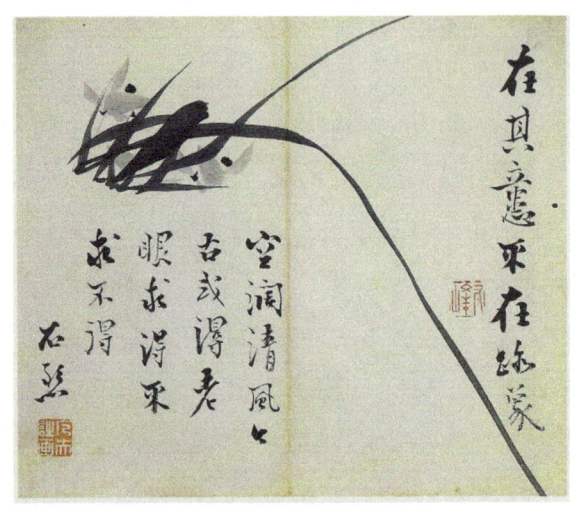

又峯 趙熙龍 筆墨蘭圖(국립중앙박물관소장)
紙本水墨 29.6 x 35.5cm

6. 동양란 용어해설(用語解說)

우리나라는 난을 취미로 하는 문화생활이 근대에 와서 출발하여 중국, 일본 등의 이웃나라보다 늦었다.

따라서 난 용어들을 중국과 일본에서 사용하고 있는 것을 그대로 받아들여 사용하는 경향이 있다.

우리말로 번역되었거나 작명하여 사용하고 있는 것들도 아직 통일되지 않고 있다.

그 옛날 귀족적 취미생활에서 사용하던 한문(漢文) 용어와 특히 일본 책자에서 사용한 일본식 한자들을 그대로 사용한 부분도 있어 난 취미를 처음 시작하시는 분들이나 젊은 세대들에게 많은 어려움이 따르고 있다.

우리도 하루 속히 통일된 용어를 제작하여 같은 이름을 사용하게 되었으면 좋겠다는 생각을 하면서 여러 책자에 있는 용어들을 간추려 알기 쉽게 해설해 본다.

【ㄱ】

가구경(仮球莖) : 구근(球根) 또는 위구경(僞球莖)이라고도 한다. 일반식물의 줄기에 해당 되는 것으로 양분의 저장소, 잎이나 표피가 붙어 있는 곳으로 마디로 되어 있다. 각 마디에는 1개 또는 2개의 액아(腋芽)가 있는데 아래 쪽 마디는 신아(新芽), 위쪽 마디는 화아(花芽)인 것이 보통이다.

감록(紺綠) : 난 잎의 색깔을 표현한 것으로 짙은 녹색 또는 어두운 녹색을 뜻한다. 진한녹색.

감복륜(紺覆輪) : 잎 무늬의 하나로 잎 끝에서 기부까지 가장자리로 진
　　녹색으로 테를 두른 무늬를 말한다.
감호(紺縞) : 연한 녹색 바탕에 진한 호(縞)가 들어간 잎 무늬를 말한다.
감중투(紺中透) : 잎 가장자리나 끝이 황색이나 백색을 두르고 안쪽으로
　　진한 녹색을 나타내는 무늬를 말한다.
갓줄무늬 : 복륜 참조.
거치(鋸齒) : 난 잎의 가장자리가 톱니처럼 거칠거칠한 모양을 말한다.
검엽(劍葉) : 잎 끝이 칼끝과 같이 뾰족하고 날카롭게 생긴 잎을 말한다.
경봉심(硬捧心) : 봉심 끝 투구의 살덩이가 굳은 듯한 육질을 가진 춘란
　　의 봉심을 말한다.
경사화(更紗花) : 주로 한란 꽃에 무늬가 분무상으로 들어있는 호칭으로
　　주, 부판과 봉심의 맑은 녹색 바탕에 자갈색의 선이 가늘게 들
　　어있는 꽃 색.
계단(階段)피기 : 일명 단소(段咲)라고도 하며 여러 개의 꽃이 층을 이루
　　며 피는 것으로 기형이다.
곤색(紺色) : 진남색, 감청색.
관음봉심(觀音捧心) : 봉심의 끝부분의 살이 부드럽게 느껴지며 끝이 안
　　쪽으로 숙여 든 것
광엽(廣葉) : 난 잎의 폭을 15mm를 기준으로 이 보다 넓은 잎을 광엽
　　이라 한다.
권설(捲舌) : 설판이 아래로 처지면서 뒤로 말린 상태의 난의 혀, 설판
　　을 말한다.
권엽(捲葉) : 잎의 끝부분이 쭉 뻗지 못하고 뒤로 둥글게 말려든 형태의 잎.
근관(根冠) : 뿌리 끝의 맑고 투명한 부분으로 새 세포를 만들어 자라나

✪ 액아(腋芽) = 식물의 줄기 또는 가지 겨드랑이에서 나는 싹으로 노구근(老
　球根)은 휴면 상태이기 때문에 별도 관리가 필요하고 보통은 정아(頂芽)에
　서 싹이 움직인다. 정아는 발브 제일 밑에 있는 것으로 절의 액아로 제일
　먼저 신아가 되어 싹으로 나온다.

는 생장점.
금사(金紗) : 잎 전면에 일정하지 않게 금실무늬 모양으로 넓게 나타나는 무늬를 말한다.
기부(基部) : 잎이나 꽃이 벌브에서 생겨나서 붙은 부분을 말한다.
기화(奇花) : 개화된 꽃 모양이 일반 형태와 달리 기형(奇形)으로 핀 꽃.
긴변(緊邊) : 꽃잎의 끝이 안쪽으로 숙여 걷어 올린듯한 긴장된 상태의 느낌을 주는 형태.

【ㄴ】

나질(糯質) : 꽃잎의 육질(살)이 연한 것을 표현한 말
낙견(落肩) : 외3판(꽃받침, Sepal)의 꽃잎 중 부판 2잎이 아래로 처진 꽃 모양을 말한다.
내이판(內二瓣) : 꽃 중앙에 있는 2장의 꽃잎(Petal). 봉심이라고도 한다.
노수엽(露受葉) : 잎의 끝 부분이 아래로 늘어지지 않고 살짝 들려 이슬을 받는 듯한 잎 모양.
녹태소(綠胎素) : 설판에 점이나 얼룩이 없는 연한 녹색의 소심을 말한다.

【ㄷ】

단엽종(短葉種) : 일반적인 난에 비해 잎 길이가 아주 짧고 두께가 두꺼운 품종을 말한다.
단절반(段切斑) : 얼룩무늬의 일종으로 초록색의 무늬 경계가 뚜렷하고 일정한 간격을 두고 계단처럼 무늬가 들어있는 것을 말한다.
단절사피(段切蛇皮) : 그물무늬가 일정한 간격을 두고 계단처럼 들어있는 무늬를 말한다.
대권설(大倦舌) : 혀가 뒤로 크게 말린 형태의 설판(舌瓣)을 말한다.
대락견(大落肩) : 꽃잎의 외3판중 부판2장이 아래로 많이 처져 정삼각형

이 안 되게 핀 모양.

대륜(大輪) : 화판이 큰 꽃잎

대원설(大圓舌) : 설판이 뒤로 크게 말려든 형태.

대절반(大切斑) : 얼룩무늬의 일종으로 절반무늬가 단절되지 않고 큰 것을 가리키는 무늬.

대포설(大鋪舌) : 설판이 크고 앞으로 드리워지며 혀 끝부분의 살이 두터워 뒤로 말리지 않는 모양의 설판을 말한다.

떡잎 : 신아가 처음 보이는 짧은 것으로 본 잎이 나오기 전 감싸고 있는 잎

도(圖) : 난 잎에 얼룩무늬가 불규칙하게 나타난 무늬를 말한다.

도시소(桃腮素) : 설판의 볼에 분홍색이 물들어 있는 소심을 말한다.

두(兜) : 투구라 하기도 하며 봉심의 끝 부분이 단단하고 살덩이처럼 우글우글하게 되어 있는 것을 말 한다.

등색(橙色) : 울금색(鬱金色), 오랜지색

【ㅁ】

망지(網地) : 얼룩무늬의 일종으로 녹색 바탕에 희미한 얼룩이 같이 보이는 호반으로 무늬의 변화가 다소 이루어지는 무늬.

매화판(梅花瓣) : 주판과 부판이 모두 매화꽃 모양으로 잎이 짧고 둥글며 안으로 조여 드는듯한 모습이다. 봉심에 반드시 투구가 있어야 하며 없으면 원판이라 한다.

맹호(猛虎) : 잎에 얼룩무늬가 있는 호반(虎斑)계를 말하며 녹색 바탕에 황색 또는 흰 무늬가 가늘게 휜 선이 들어있는 형태.

맹황색(萌黃色) : 연두색, 노란색을 띤 파랑색.

모란(牧丹)피기 : 춘란기화의 하나로 모란꽃 모양으로 꽃잎이 여러 개 겹쳐 핀 것을 말한다.

※ 떡닢=치마잎 : 일본어 하가마(はがま)에서 온 말이다.

모자(帽子) : 난 잎 끝 가장자리와 가운데로 짧게 백색선이 가늘게 든 무늬를 말함.
묘이봉심(猫耳捧心) : 고양이 귀 모양으로 쫑긋이 선 모양의 봉심.
무지(無地) : 난 잎에 무늬가 없는 순 녹색 잎.

【ㅂ】

반(斑) : 잎 무늬의 하나로 호반(虎斑, 얼룩무늬), 사피반(蛇皮斑, 그물무늬)이 있다.
반수엽(半垂葉) : 춘란의 잎이 기부에서부터 약간 늘어지는 잎을 말한다.
반입엽(半立葉) : 잎이 기부에서 중간까지는 곧게 자라다가 위 부분이 늘어지는 잎을 말한다.
반전(反轉)피기 : 꽃잎의 주, 부판과 봉심 모두가 뒤로 젖혀 피는 상태. 일본말로는 반전소(反轉咲)라 함.
반합배(半合背) : 봉심의 모양이 기부는 밀착되어 있으나 끝 부분이 약간 벌어져 있는 형태를 말한다.
반호(斑縞) : 잎 전체에 섬세하고 짧은 선들이 모여 호(縞)처럼 연결되어 있는 무늬를 말한다.
발호(拔縞) : 호(縞)의 무늬가 잎 끝을 뚫고 나가는 것 같이 빠져나간 무늬를 말한다.
백벌브(back bulb) : 노화된 위구경을 말하며 퇴촉이라고도 한다.
백태소(白胎素) : 설판에 점이나 얼룩이 없이 깨끗한 백색의 순소심을 말한다.
벌호(筏縞) : 호(縞)의 무늬가 뗏목처럼 끊어져 나타나는 무늬를 말한다.
병물(柄物) : 잎무늬 품종. 일본말로는 가라모노(柄物)라고 한다.
복륜(覆輪) : 잎의 가장자리에 백색 또는 황색의 선이 둘러진 무늬로 넓고 좁은 모양에 따라 사복륜(糸覆輪), 대복륜(大覆輪), 조복륜(爪覆輪)으로 구분한다. (갓줄무늬, 끝테무늬)

복륜호(覆輪縞) : 복륜과 호가 함께 섞여 나타나는 잎 무늬를 말한다.

봉심(捧心) : 내2판(petal). 2장으로 된 식물학적인 꽃잎

부판(副瓣) : 외3판(外三瓣)중 가운데 것 주판을 제외한 양쪽 꽃잎을 말하며 실제로는 꽃받침이다.

분소(分巢) : 봉심이 안쪽에서부터 벌어져 있는 형태를 말한다.

비견(飛肩) : 꽃잎의 부판이 위로 치켜 올라간 형태를 말한다.

비두(鼻頭) : 꽃의 중심부에 있는 생식기관으로 예주라하기도하며 머리 부분에 두 개의 꽃가루 덩이가 붙어있고 향기가 난다.

【ㅅ】

사복륜(絲覆輪) : 복륜의 무늬가 실처럼 가늘게 나타나는 것을 말한다.

사자반(砂子斑) : 새싹 때에 들어있던 무늬가 자라면서 흐려지거나 없어지는 무늬의 형태.

사피(蛇皮) : 황색의 호반(縞斑)안에 녹색의 작은 점들이 무수히 박혀있는 것을 말한다. (그물무늬)

산반(散斑) : 무늬가 작고 가는 선처럼 모여 있는 형태를 말 한다.

산반호(散斑縞) : 난 잎에 산반의 무늬와 호(縞)의 무늬가 나타나는 것을 말한다.

삼각견(三角肩) : 외3판(外三瓣)의 꽃잎의 끝을 선으로 연결하였을 때 정삼각형을 이루는 꽃모양을 말한다. 삼각피기.

삼예기화(三蕊奇花) : 봉심이 혀같이 변화되어 마치 혀 3개가 중심에 피어 있는 듯한 모양. 봉심설화라 하기도 한다.

삼판일비두(三瓣一鼻頭) : 꽃잎과 봉심, 혀가 함께 어우러져 조화를 이룬 꽃으로 귀하다.

생강근(生薑根) : 난 씨가 발아해서 생기는 구근으로 모양이 생강과 비슷한데서 부쳐진 이름이다.

생장점(生長點) : 뿌리가 자라는 끝부분으로 맑고 투명하다.

서(曙) : 잎의 무늬가 백색도 아니고 황색도 아닌 선명하지 않은 어두운 빛을 띈 무늬.

서반(曙斑) : 잎의 일부분의 녹색이 점점 밝아져서 흰색이나 노랑 또는 연두색이 엷게 깔린 마디가 나타나는 무늬이다. 호반과 다른 점은 무늬 윤곽이 뚜렷하지 않고 선염이 되듯 희미하고 은은하다. (안개무늬)

서호(曙虎) : 신아가 나올 때 백색 또는 황색이었다가 나중에 없어지는 무늬를 말한다.

선반호(先斑縞) : 반호의 무늬가 잎 끝에 나타나는 무늬를 말한다.

선천성(先天性) : 신아 때부터 무늬가 있는 것으로 복륜과 호는 선천성이어야 꽃에도 무늬가 있다.

설판(舌瓣) : 순판(脣瓣) 또는 혀라고도 하며 꽃잎 중의 하나이다. 모양이 다양하며 설판에 따라 꽃의 균형이 좌우되기도 한다.

설점(舌点) : 설판에 나타나 있는 점. 여러 가지 형태가 있으며 전혀 점이 없는 혀를 소심이라 하여 높이 평가한다.

성기광(聖紀光) : 유령 잎에 마치 이끼가 엷게 낀 듯한 청태반(靑苔斑)이 들고 잎 끝 부분이 점점 짙어져서 이 암록바탕에 반호(斑縞)가 깔린다. 잎의 아래쪽은 푸른색이 엷어져 백황서반(白黃曙斑)으로 변하는 것이다.

세엽(細葉) : 난 잎의 폭이 15mm 이하의 좁은 잎을 말한다.

소심(素心) : 설판에 점이나 얼룩이 없는 것을 가리킴. 잡색이 섞이지 않은 순 일색을 순소심이라 하고, 물든 내용에 따라 녹태소, 황태소 등 여러 가지 명칭들이 있다.

손톱무늬 : 조(爪)참조.

수선판(水仙瓣) : 꽃잎 모양이 수선화와 같다고 해서 붙여진 이름. 주, 부판의 끝은 뾰족하고 중간이 넓어졌다가 기부 쪽으로 갈수록 가늘어지며 설판은 처지는 것을 말한다.

수엽(垂葉) : 난 잎이 아래로 처지는 형태의 잎을 말한다.

순판(脣瓣) : 설판(舌瓣) 참조.

시괄호(矢筈虎) : 난 잎에 호반이 나타나는데 무늬의 경계가 화살날개 모양과 같이 마디가 있는 무늬를 말한다.

신아(新芽) : 당년에 새로 나오는 싹.

심조(深爪) : 잎 끝이 깊게 든 무늬. (빗살무늬, 속빛무늬)

심조복륜(深爪覆輪) : 복륜이 들어있는 끝에 더 굵은 손톱무늬가 깊게 들어있는 잎을 말한다.

쌍두화(雙頭花) : 일경일화에서 한 대의 꽃대에 두 개의 꽃이 피는 경우를 말하는 것으로 고정되어 피는 것은 아니다.

【ㅇ】

압상호(押上虎) : 잎에 나타난 얼룩무늬의 일종으로 기부 쪽에 짧은 모양으로 나타난다.

여의설(如意舌) : 설판의 길이는 짧고 살이 두터워 앞으로 내밀고 약간 들린듯한 모습의 설판이다.

역품자(逆品字) : 혀에 나타난 설점의 하나로 ∴ 모양의 점을 말한다.

연반(緣斑) : 잎 가장자리에 길게 나타나는 얼룩무늬를 말한다.

연호(延虎) : 얼룩무늬가 많아 무늬의 경계가 불분명하여 연결된 것처럼 보이는 무늬.

엽예품(葉藝品) : 잎에 무늬가 있거나 넓고, 좁고, 짧아 예술적인 가치를 지닌 난 잎.

예주(蕊柱) : 비두(鼻頭) 참조.

외삼판(外三瓣) : 주판 1장과 부판 2장을 말하는 것으로 식물학적으로는 꽃받침에 해당한다.

옥반(玉斑) : 얼룩무늬의 일종으로 무늬의 경계가 뚜렷하고 엽맥에 대해 녹색의 무늬가 뚜렷한 것을 말한다.

용탄설(龍呑舌) : 혀의 두께가 두텁고 조금 쳐져있으나 선단이 앞쪽에는 위로 비쳐있는 수푼 상태로 받쳐 드는 형태의 혀를 말한다.

운정(雲井) : 잎의 끝부분으로부터 바탕의 녹색보다 한층 더 짙은 농녹의 선 무늬가 호(縞)처럼 아래쪽으로 나타나는 것을 운정이라 함.

원보(元寶) : 춘란 설점의 하나로 모양이 U자형인 점을 말한다.

원설(圓舌) : 혀의 앞부분이 많이 굽어서 반원형인 것을 말한다.

원판(圓瓣) : 주, 부판의 끝이 둥글어 매화판 같으나 봉심에 투구가 없는 꽃을 말한다.

유령(幽靈) : 잎에 엽록소가 전혀 없는 백색 또는 황색의 잎이나 싹을 말한다.

유해설(劉海舌) : 설판이 짧고 둥글어 앞부분이 살짝 아래로 늘어진 듯하며 육질이 두터운 설판을 말한다.

이인(二引) : 설점의 하나로 ‖와 같이 나란히 두 줄을 그은 듯한 무늬 상태를 말한다.

일경구화(一莖九華) : 한 꽃대에 여러 송이의 꽃이 피는 춘란을 말하며 춘란이 아닌 다른 난은 일경다화라 하여 구분한다.

일경일화(一莖一花) : 춘란으로서 꽃대하나에 한 송이 꽃이 피는 것을 말한다.

일문자(一文字)피기 : 좌우 부판이 완전한 수평으로 피는 것으로 한일자 피기라고 한다.

입엽(立葉) : 잎의 자세가 위로 곧게 뻗은 것을 말한다.

【ㅈ】

자모소(刺毛素) : 혀의 전면에 무수한 작은 점이 박힌 것. 도시소와 함께 준소심이다.

잠아봉심(蠶蛾捧心) : 봉심이 누에의 머리같이 둥글고 살이 두터우며 은은한 광택이 있는 봉심을 말한다.

전면사피(全面蛇皮) : 그물무늬가 잎 전체에 나타나는 것을 말한다.

절반(切斑) : 얼룩무늬의 배열이 규칙적인 것으로 무늬의 경계가 뚜렷하고 잎맥을 중심으로 좌우대칭이 된 것을 말한다.

절학(折鶴) : 마치 학의 머리처럼 꽃잎 끝 부위가 꺾어져서 피는 것을 말한다.

조(爪) : 잎 끝 부분에 흰색 무늬가 손톱 모양으로 짧게 생기는 것을 말한다. (잎끝무늬, 끝줄무늬)

주두(柱頭) : 암술에 해당하는 부위로 꽃의 중심에 있는 예주 바로 밑에 있으며 축축히 점착성 있는 물질이 있어 꽃가루가 수정이 잘 되도록 하는 곳을 말한다.

주금색(朱金色) : 진황색, 주황색

주등색(朱橙色) : 적황색

주사소(硃砂素) : 준소심의 일종으로 혀의 전면이 홍색인 것을 말한다.

주판(主瓣) : 꽃잎의 바깥쪽 3장중에 위쪽으로 곧게 피어있는 한 장의 꽃잎을 말한다.

죽엽판(竹葉瓣) : 외3판의 생김새가 대나무 잎처럼 가늘고 길게 생긴 꽃을 말한다.

준소심(準素心) : 설판이 순일색이 아니고 안쪽 깊숙한 곳이나 볼에 다른 색이 물들어 있는 것을 말한다.

중압호(中押縞) : 중투호의 일종으로 잎 끝의 녹색모자가 잎 중앙을 향해 깊고 두껍게 든 것을 말한다.

중투(中透) : 복륜과 조를 제외한 나머지 바탕부분의 무늬를 가리키는 말로서 복륜을 남기고 바탕에 줄이나 무늬가 없이 전체 황색, 백색을 띤 난을 말한다. (녹색갓줄무늬, 속살무늬)

중투호(中透縞) : 잎 기부에서 끝까지 녹색의 호가 들어간 것을 말한다. 가장자리는 들어가고 바탕에 무늬가 없으면 중투이고 녹, 백, 황색 등의 줄무늬가 함께 섞인 무늬.

지생란(地生蘭) : 일반식물처럼 뿌리를 땅속으로 내리고 살아가는 난. 착생란에 대립되는 말이다. 심비디움, 새우란 등.

【ㅊ】

착생란(着生蘭) : 나무나 바위 등에 붙어 살아가는 난으로 대기 중에서 양분과 수분을 흡수하여 살아간다. 풍란. 반다. 등

착이봉심(搾耳捧心) : 귀 후비개와 비슷하게 생긴 봉심을 말한다.

청태반(靑苔斑) : 신아가 백색 또는 황색바탕에 점이나 희미한 녹색이 생겨 점차 넓어져 가는 것.

축입(蹴込) : 잎 끝에서 아래쪽으로 백색, 황색의 호(縞) 모양의 줄이 드리워진 형태를 말한다.

취설호(吹雪虎) : 얼룩무늬의 일종으로 비교적 작은 무늬가 한쪽으로 몰려있는 것을 말한다.

【ㅌ】

투구(兜) : 봉심 끝에 붙어 있는 단단하고 두툼한 살덩이를 말한다. 매판은 반드시 봉심에 투구가 있어야 된다.

【ㅍ】

팔중(八重)피기 : 기종(奇種)의 하나로 여러 개의 꽃잎이 겹쳐서 피는 모양을 말한다.

편호(片縞) : 잎의 엽심을 중심으로 한쪽에만 줄무늬가 나타나는 것을 말한다.

평견(平肩) : 좌우 부판이 수평으로 핀 모양. 일문자 참조.

포의(苞衣) : 꽃봉오리를 싸고 있는 껍질. 꽃이 피고 난후에는 꽃대의 마디에 매달려 있는 얇은 잎을 말한다.

품자(品字) : 설판에 나타나는 점의 형태가 ∴ 모양으로 된 것을 말한다.

【ㅎ】

하화판(荷花瓣) : 외3판 꽃잎의 모양이 연꽃모양으로 넓고 끝이 둥글고 안으로 숙여있는 꽃 모양을 말한다.

합배(合背) : 봉심의 모양을 나타내는 말로서 기부에서부터 끝부분까지 밀착되어 있는 형태를 말한다.

혀(舌) : 설판참조.

협반(鋏斑) : 얼룩무늬의 일종으로 무늬가 잎의 가장자리에 걸치지 않고 안에 있는 것을 말한다.

호(縞) : 잎에 백색 또는 황색 줄이 엽맥 방향으로 걸치지 않고 안에만 있는 것을 말하며 무늬 색이 끝으로 빠져나간 것을 말한다. (가운데무늬)

호반(虎斑) : 잎에 호랑이 무늬가 들어 있는 것을 말한다. (얼룩무늬)

호접(胡蝶)피기 : 부판이 혀 모양으로 변해 피는 기종을 말한다.

홍등색(紅橙色) : 오렌지색

화간(花間) : 꽃대에 여러 개의 꽃이 피어 있을 때 꽃과 꽃 사이의 간격.

화경(花莖) : 꽃대. 가늘고 높이 신장되어야 좋다.

화분괴(花粉塊) : 비두의 상단에 붙은 노란색의 꽃가루 덩어리.

화예품(花藝品) : 꽃 색이 예술적 가치를 지닌 품종.

화판(花瓣) : 꽃잎. 난 꽃은 주판, 부판, 봉심, 설판으로 이루어 있다.

환접(幻蝶) : 봉심이 혀로 변하여 기형으로 피는 형태를 말한다.

황태소(黃胎素) : 소심의 일종으로 설판에 잡색이 전혀 없는 것으로 황색이 물들여진 것을 말한다.

후암(後暗) : 잎이 나올 때나 꽃이 필 때는 무늬가 곱게 들어있다가 날이 갈수록 희미해지는 것을 말한다.

후육(厚肉) : 꽃잎이 두터운 것을 말함.

후천성(後天性) : 새싹이 돋아날 때는 잎에 무늬가 없다가 자라면서 무늬가 나타나는 성질을 가진 것을 말한다.

7. 동양란 감상과 명란

　동양란을 기르고 감상하는 취미는 중국에서부터 비롯되었는데 송대(宋代)의 금장난보(金障蘭譜)를 보면 향(香)을 제일로 하였다.
　처음에는 꽃의 향으로 품격을 평가하였으나 많은 난이 발견됨에 따라 화형(花形) 즉 화판(花瓣)을 중요시하여 매화판(梅花瓣), 하화판(荷花瓣), 수선판(水仙瓣), 기화(奇花), 색화(色花) 등으로 분류 및 평가하여 감상 하였으나 근래에는 설판(舌瓣)의 소심(素心) 순일색을 높이 평가하기에 이르렀다.
　일본(日本)은 에도시대(江戶時代)에 해당하는 17세기 초부터 난(蘭)에 관심을 보이기 시작하였다.
　중국춘란과 같은 향과 화형(花形)을 일본춘란에서는 발견할 수 없었다. 홍(紅), 자(紫), 황(黃) 등의 화려한 색화(色花)와 다양한 잎의 무늬품종을 발굴하고 분류하여 난 명감(蘭銘鑑)을 만들어 체계화 하였다.
　한편 우리나라에서도 1980년대에 와서 좋은 난(蘭)이 많이 발견되고 채집되어 품종 등록을 하고 있다.
　다만 개발역사가 오래되지 않아서 아직 체계가 확립된 상태에 이르지 못하고 있다.
　춘란 꽃은 6개의 꽃잎이 모여 비두(鼻頭)를 중심으로 좌우로 모여 있는 모습이 오묘한 느낌을 준다.
　꽃은 식물의 생식기이다.
　특히 난꽃은 그 모습이 더욱 신비롭다. 비두는 남성의 심벌

(Symbol)과 비슷하다. 설판(舌瓣)의 안쪽은 여성의 심벌과도 같은 모양을 하고 있어 그의 근접한 모양을 봉심(捧心)이 감싸 안고 있는 모습은 마치 부끄러움을 감추어 주는듯하기도 하고 체면을 차려 행동하는 염치(廉恥)있는 자세라 새겨 볼만하다.

송(宋)나라 때부터 기록된 내용들을 집대성한 중국의『蘭蕙小史』나 일본의『蘭華譜』는 1920~30년에 출간된 것이다. 지금도 화품평가(花品評價)의 전범(典範)으로 인정되고 있는 만큼 필자도 이를 기준으로 하여 감상하고자 한다.

그리고 난의 감상에는 꽃의 모양(花形), 화색(花色)과 향기(香氣)에 관상의 가치를 두는 화예품(花藝品)과 잎의 무늬와 곡선을 감상하는 엽예품(葉藝品)으로 구분할 수 있다. 그러나 여기서는 어디까지나 중국 춘란 꽃을 중심으로 명란을 얘기하고자 한다.

1) 춘란감상

(1) 중국춘란 명화기준

중국춘란에는 이른 봄에 꽃대 하나에 한 송이 꽃을 피우는 일경일화(一莖一花)가 있고, 늦은 봄에 한 꽃대에 여러 개의 꽃을 피우는 일경구화(一莖九華)가 있으나 일반적으로 중국춘란이라 말하면 일경일화를 지칭하는 것이 된다.

난 꽃의 명품은 예주(蕊柱, 鼻頭)를 중심으로 둥근 원을 그려 빈 공간이 적고 원 속이 꽉 차는 꽃을 명란(名蘭)이라 한다. 향(香)도 강렬하거나 달콤하면 하품(下品)으로 천하게 여긴다.

중국춘란은 녹색 꽃과 녹색 잎이 조화를 이룬 화려하지 않는 색상과 유향으로 멋을 지닌 난(蘭)을 명품이라 하였다.

춘란꽃의 명칭

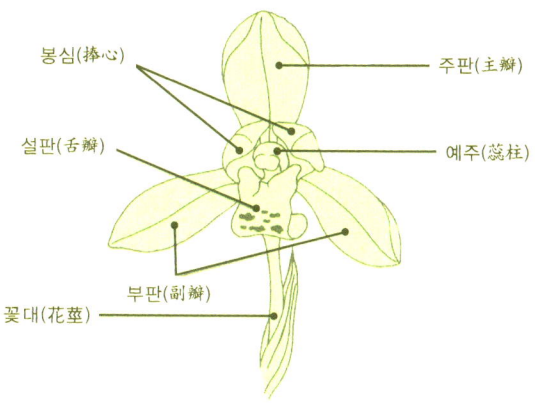

❶ 꽃 모양(花形)

춘란 꽃의 생김새를 살펴보면 6개의 꽃잎이 예주(蕊柱)를 중심으로 피어있고 봉심(捧心)이 예주를 감싸 안아 수줍음을 감추어 주는 듯하다. 그 형상이 오묘한 느낌을 받게 하여 다른 꽃에서는 볼 수 없는 화예(花藝)라 할 수 있다.

화형은 주판(主瓣) 1장과 부판(副瓣) 2장, 봉심(捧心) 2장 그리고 설판(舌瓣) 1장을 합쳐 6장의 꽃잎으로 구성되어 있다. 주판과 부판을 외3판(外三瓣)이라 하고, 봉심을 내2판(內二瓣)이라 하며 아래와 같은 특성을 지녀야 명화(名花)로 인정하고 있다.

❷ 주, 부판(主, 副瓣, Sepal)

꽃잎은 둥글고 부드러우며 화육(花肉)이 두텁고 연하여 감촉이 좋은 것이 명화이다.

❸ 봉심(捧心, Petal)

봉심의 끝은 육질화(肉質化)하여 우글우글하게 두터운 육괴(肉塊)

로 이루어진 두(兜)가 있는 봉심이 좋은 봉심이다. 부드러운 느낌을 주는 잠아봉심(蠶蛾捧心)과 같이 광택이 흐르는 형태로 비두를 감싸고 있는 봉심이 좋은 꽃이라 할 수 있다. 그 외에도 관음봉심(觀音捧心), 경봉심(硬捧心), 착이봉심(搾耳捧心), 묘이봉심(猫耳捧心) 등이 있다.

❹ 설판(舌瓣, Lip)

설판은 꽃의 중심에 위치하고 있어 모양에 따라 꽃 전체의 균형을 좌우한다. 혀(舌瓣)는 둥글고 짧은 것이 좋으며 혀에 점이 있고 없는 것에 따라 평가의 내용이 달라지기도 한다.

설판은 모양에 따라 유해설(劉海舌), 여의설(如意舌), 원설(圓舌), 대포설(大鋪舌), 권설(捲舌) 등으로 구분하고 있다.

설점(舌点)은 여러 개의 잡다한 것보다 한두 개로 선명한 것을 좋은 꽃으로 여기며 근래에는 점이 없는 백색(白色)의 소(素)를 더 높이 평가하고 있다.

설점(舌点)은 점의 가장자리가 흐리지 않고 선명하며 윤곽이 확연해야 좋다. 선홍색의 점 하나가 있는 홍일점(紅一點)을 최상으로 여기며 선을 그은 듯 두선으로 된 이인(二引) ‖점, 품자모양의 ∴점, 역품자 ∵점, U자모양의 점을 원보(元寶)라 하여 좋게 평가하여 구분하기도 한다.

❺ 예주(蕊柱, 鼻頭, Column)

귀두의 끝부분에 두 개의 수술 화분괴(花粉塊)를 말한다. 크기는 작은 것이 좋은 꽃으로 평가되며 향을 발산하는 곳이기도 하다. 예주를 따라 밑으로 조금 안쪽에 자예(雌蕊)라고 하는 암술이 있는데 여기는 이슬 같은 꿀이 항상 맺히고 있어 화분괴가 익어 떨어지면 미끄러지듯 닿아 수정이 이루어진다.

❻ 화색(花色)

꽃잎의 색은 눈녹색(嫩綠色)이 최고의 색이다. 다음이 녹색(綠色), 짙은 녹색(濃綠色), 붉은색(紅色), 황색(黃色)의 순으로 귀하게 여긴다. 색이 선명한 것이 좋은 꽃색이며 색이 탁하고 어두운 색은 좋은 꽃색이라 할 수 없다. 이는 중국춘란 녹색화를 두고 말하는 것이며 한국이나 일본의 춘란 색화는 이에 해당하지 않는다.

❼ 향(香)

난의 향은 유향(幽香)이며 청향(淸香)이라야 한다.

강렬하거나 달콤한 향기는 천하게 여기고 향이 없는 꽃은 아무리 화형(花形)이 좋아도 명화에서 결격이다.

❽ 꽃피기(花呋)

양쪽 부판이 수평으로 피는 꽃을 한일자(一字)피기 또는 평견(平肩)이라 부르며 좋은 꽃으로 평가한다.

그 외에도 삼각(三角)피기, 비견(飛肩), 낙견(落肩), 대락견(大落肩), 안아피기 등이 있으나 별로 재미없다.

❾ 꽃대(花莖)

꽃대는 가늘고 길게 잎 위로 솟아 오른 순일색(純一色)이 가장 좋은 꽃대로 평가하고 있다.

❿ 난잎(蘭葉)

난 잎은 한마디로 서로 마주보고 생장하는 호생(互生)이다.

칼과 같이 날카로운 검상(劍狀)이고 엽근(葉筋)이 있어 잘 부러지지 않는 혁질(革質)구조로 되어 있다.

잎색은 농녹색(濃綠色)이며 근원(根元)이 굳세고 잎 사이가 벌어지지 않고 싱싱하고 부드러우며 광택이 흐르고 거치(鋸齒)가 있으나 거칠지 않은 것이 좋다.

중수엽성(中垂葉性) 자세가 좋은 난으로 평가한다.

잎의 크기에 따라 광엽(廣葉)과 세엽(細葉)으로 구분하고 또 잎의 자세로 보아 입엽(立葉), 반입엽(半立葉), 중수엽(中垂葉), 수엽(垂葉), 노수엽(露受葉), 권엽(捲葉) 등으로 구분한다.

전체적인 모양으로는 노수엽과 중수엽을 가장 좋은 엽자(葉姿)로 평가한다.

〈 1. 중국춘란 봉심과 설판 〉

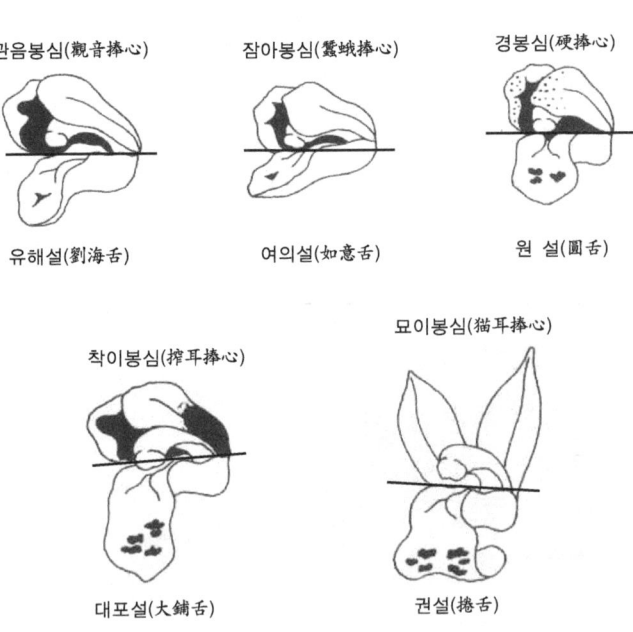

〈2. 소심설판의 여러 가지〉

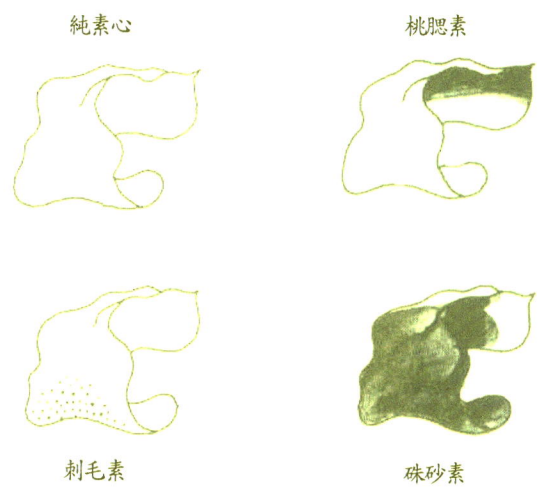

〈3. 난 잎의 형태〉

① 중국춘란(中國春蘭) - 일경일화

A. 매화판(梅花瓣)

꽃잎의 끝 부분이 둥글고 강직한 느낌을 주며 생김새가 매화꽃잎을 닮았다고 해서 매화판이라 불려진다.

꽃잎이 두텁고 힘이 넘치듯 긴장감이 있어 보이고 또 봉심(捧心) 마저 투구로 둘러싸 안은 모습이 오묘함을 느끼게 한다.

매화판의 대표적인 난(蘭)은 송매(宋梅), 만자(萬字), 서신매(西神梅), 집원(集圓) 등 많은 난이 있다.

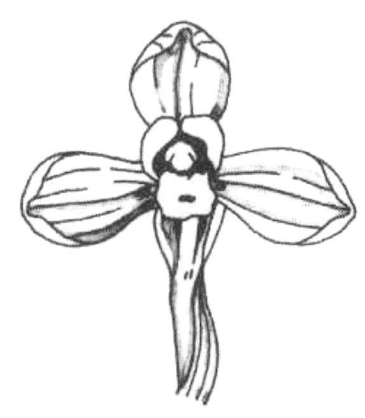

송매(宋梅)

칭(淸)의 첸룽스(乾隆時) 저장성(浙江省)의 샤오씽(紹興) 지방에서 송찐쉔(宋錦旋)이 재배하여 송금선매(宋錦旋梅)라고도 한다. 중국춘란 사천왕(四天王) 중의 으뜸으로 새싹은 자색의 포의를 쓰고 적아로 나와 진한녹색으로 변한다. 잎은 광택이 있고 멋스럽다. 꽃잎은 둥글고 희며 안쪽으로 모여든 듯 긴장감을 주고, 잠아봉심과 유해설이 조화를 잘 이룬 명화(名花)이다.

만자(萬字)

저장성의 짜씽난후(嘉興南湖)가 원산지로 원호제일매(鴛湖第一梅)라는 별명이 있다. 원호는 짜씽난후의 별칭이며 사천왕 중 하나다. 새싹은 자록색(紫綠色)으로 돋으며 자라서는 반수형의 잎 자태로 일품이다. 매화판중 제일 둥글며 녹색이 선명하고 잠아봉심은 살이 두텁다. 소여의설인 설판은 삼각모양으로 뾰족하게 오므려들었고 붉은 점이 그 속에 있어 매력이 더 한다.

서신매(西神梅)

저장성 우시(無錫)에서 1912년에 롱원칭(榮文卿)이 발견한 꽃이다. 붉은 치마 잎을 쓴 새싹은 자라서 반수형으로 휘늘어지며 암녹색 바탕에 광택이 있고 거치가 강하다. 꽃잎은 넓고 꽃대가 가늘어 수그러드는 모습이고 유해설로 붉은 점이 매력적이다. 꽃색은 엷은 비취색이고 봉심은 엷은 백색의 복륜과 같아 귀족품위가 있고 투구를 쓴 자태가 명화로 알려져 있다. 천하미인 서시(西施)의 화신으로도 유명하다.

노집원(老集圓)

새싹은 자록색(紫綠色)이다. 자라서는 세엽(細葉)이고 중수성으로 송매(宋梅)를 닮아 꽃이 없을 때에는 구분이 어렵다. 꽃은 취록색(翠綠色)이다. 봉심은 관음투구이며 설판은 둥글고 짧은 소유해설로 붉은 점이 산재해 있다. 한일자피기를 한다. 꽃대는 자적색(紫赤色)으로 길게 신장하고 단정한 품위를 지녔다. 번식도 잘되어 예로부터 많은 사랑을 받아오고 있다.

소타매(小打梅)

150년 전 수쩌우(蘇州)의 한 꽃집에서 발견되었을 때 서로 다투어 가지려고 입싸움(小打)한 연유로 소타매(小打梅)라 명명되었다. 새싹은 자록색으로 출아하고 소형이다. 광택이 적은 반수엽(半垂葉) 성질이다. 꽃은 낙견으로 반환(返還) 끼가 있으며 주, 부판이 짧고 끝이 둥글며 두터운 느낌을 준다. 봉심은 강하며 안쪽은 짙은 자색이고 둥근 혀는 보통 붉은 점이 2개가 있다.

하신매(賀神梅)

잎은 약간 황색인듯한 녹색으로 두텁고 반입(半立) 형이다. 꽃대는 엷은 홍색으로 길게 신장되며 꽃은 외3판이 긴 원형이다. 테두리에 긴장된 엷은 녹색으로 안아피기를 한다. 봉심은 연하고 부드러운 투구가 중합(重合)되어 있으며 비두를 꼭 껴안은 듯 감싸고 있다. 설판은 유해설(劉海舌)로 연한 붉은 점이 선명하게 중앙에 나타나 있다. 별명은 앵가매(鸚哥梅)이다.

일품(逸品)

잎은 가늘며 광택이 강한 녹색으로 반입엽(半立葉)의 유연한 성질을 가지고 있어 상품(上品)으로 인정된다. 꽃은 긴원형으로 끝이 안으로 수그러들어 긴장감이 있다. 진한 녹색의 화근(花筋, 힘줄)이 줄을 그은 듯 들어 있으며 한일자로 핀다. 봉심은 얕은 잠아(蠶蛾)의 투구이며 설판은 반원설(半圓舌)로 선명한 자홍색의 3개점이 있다. 꽃대는 가늘고 길게 자라서 돋보이는 꽃이다.

서매(瑞梅)

잎은 광택이 강하고 어두운 녹색 바탕에 중입엽으로 잎 끝이 둥글어 전체적으로 엽자(葉姿)는 좋은 편이다.

꽃의 주, 부판은 둥글고 짧으며 엷은 취색에 황색이 살짝 들었고 꽃잎이 두텁고 한일자로 핀다.

봉심은 잠아(蠶蛾)의 투구이고 대여의설(大如意舌)인 혀에는 한두 개의 붉은 점이 있다. 꽃대는 가늘고 짙은 붉은색의 무늬가 있는 적경(赤莖)이다.

녹영(綠英)

 20세기 초 칭(淸)의 꿩쉬(光緖) 28년 수쩌우(蘇州)에서 꾸샹지(顧翔 壽)가 발견한 명화다. 잎은 어두운 녹색으로 광택이 강하고 잎이 늘어지는 특성이다. 꽃잎은 안아피기를 하고 화육이 두텁다. 봉심 (捧心)은 부드러운 관음에 가깝고 투구로 감싸고 있으며 설판은 대원설로 2~3개의 붉은 점이 있다. 녹색의 꽃대는 높이 신장하여 꽃이 필 때는 사람의 마음을 끄는 힘이 있다.

천흥매(天興梅)

「난혜소사(蘭蕙小史)」에 쟈씽(嘉興)의 쉬쓰(許氏)가 처음 길렀다고 되어 있다. 「난화보(蘭華譜)」에는 1780년 천쓰(陳氏)가 큰 금액으로 구입했다는 기록이 있는 명화로 칭(淸)의 꿩쉬(光緖) 11년에 발견되었다. 잎은 광엽으로 자람에 따라 늘어지는 반수성으로 잎 끝은 노수(露受)를 이룬다. 꽃잎은 폭이 넓고 끝이 둥근 형으로 어두운 듯한 느낌이 나는 대형의 꽃이다.

왕소춘(汪咲春)

1920년대 발견된 품종으로 주, 부판은 변형된 긴 원형이며 꽃잎의 끝은 살짝 말린 듯 피는 꽃으로 매화판과는 조금 다른 느낌을 준다. 꽃잎은 수선판에 가까운 꽃이다. 봉심은 뺨에 붉은색이 들고 반개(半開)된 애교가 있는 꽃으로 비두는 다른 꽃에 비해 무척 크다. 설판은 둥글고 넓으며 붉은 점이 2개 있다. 잎은 직립성으로 길게 자라 멋을 풍기며 성질은 강건한 편이다.

취도(翠桃)

중국 푸쟝(浦江)에서 100여 년 전에 발견되어 한(翰)씨에 의해 배양된 품종으로 주판과 부판의 폭이 매우 넓다. 복숭아 꽃을 닮았다고 해서 붙여진 이름이다.

봉심은 흰색으로 단단한 투구를 하고 광채가 난다. 꽃대는 가늘고 녹경(綠莖)과 적경(赤莖) 모두 돋보이며 설판은 소여의설로 붉은 점이 있다. 잎은 세엽(細葉)으로 광택이 있는 수엽성(垂葉性)으로 멋을 부렸다.

천록매(天綠梅)

꽃은 주판, 부판 모두가 긴 원형으로 화육이 두터우며 봉심(捧心)의 끝은 반경(半硬)의 투구로 딱딱하다.

설판은 여의설(如意舌)로 붉은 반점이 선명하다.

한일자로 피는 녹색의 우수한 꽃으로 꽃대는 투실투실하다. 새싹은 자록색이고 반립성(半立性) 대엽(大葉)으로 잎은 두텁다. 춘란으로서는 꽃이 가장 큰 품종으로 발견 연대는 불분명하다.

노대매(老代梅)

중국 저장성(浙江省) 닝뽀(寧波)에서 1830년대에 발견되었다. 꽃대는 가늘고 길며 엷은 황록(黃綠)의 쌍두화로 피는 경우가 많다. 단단한 투구의 봉심은 단아한 모습이고 외3판의 꽃잎은 매화판의 명화이며 화판은 두텁다. 새싹은 진한 붉은색으로 나오고 잎은 중수엽으로 광택이 있는 멋진 자세를 보이고 있다.

원매(圓梅)

꽃잎은 3판 모두 둥글고 길며(長圓) 꽃잎이 붙은 밑둥은 가늘어 약간 뒤틀리는 듯한 모양으로 핀다. 꽃잎 끝은 둥글고 크게 피어 안으로 수그러드는 느낌을 준다. 꽃대는 어두운 적색으로 탁하며 꽃색도 약간 탁한 느낌의 어두운 녹색이다. 봉심은 단단한 투구가 있으며 설판은 유해설로 붉은 점이 매력적이다. 잎은 보통의 반입성으로 강건하며 억센 느낌의 엽자는 광택이 있다.

B. 하화판(荷花瓣)

꽃잎의 모양이 연꽃잎을 닮았다고 해서 붙여진 이름이다. 꽃잎이 넓은 것이 특징이며 꽃잎 끝이 둥글고 안으로 감아든 형상으로 봉심(捧心)에는 투구가 없다.

하화판의 대표적인 꽃으로는 대부귀(大富貴), 환구하정(寰球荷鼎), 취개(翠蓋), 헌하(憲荷)등이 있다.

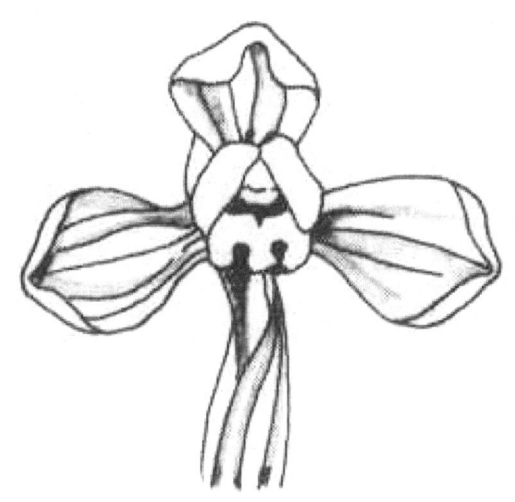

대부귀(大富貴)

1909년 상하이(上海) 꽃집에서 발견되어 항쩌우(杭州) 져우펑거(九峯閣)에서 보급되었다. 잎은 두텁고, 광택이 있고, 꽃은 외3판 모두 매우 넓고 끝이 안으로 감아 연꽃을 연상케 하며 꽃봉오리가 올라올 때 포의는 선명한 자색으로 둥글둥글하고 실하여 품위가 있다. 봉심은 짧은 원형으로 외3판에 안겨 있는 듯하고 유해설(劉海舌)의 설판에 U자형 붉은 점이 선명하다.

환구하정(寰球荷鼎)

　중국 저장성(浙江省) 샹위(上虞)의 따셔산(大舌山) 산채품이다. 잎은 두텁고 광택이 강한 노수엽의 명품이다. 유묘 때는 녹운과 비슷하나 취개(翠蓋)보다 잎이 길고 성질은 강건하여 번식이 잘되는 품종이다. 꽃잎은 둥글고 부드럽게 안아피기를 하며 엷은 황색과 녹색의 바탕에 호박색과 분홍색의 엽맥(葉脈)이 드러나 보인다. 소유해설(小劉海舌)에는 붉은 점이 있다.

취개(翠蓋)

칭(淸)의 꿩쉬디(光緖帝, 德宗 1874~1908) 때 발견. 취개하(翠蓋荷)라 부르기도 한다. 잎은 다른 춘란에 비해 길이가 아주 짧고 입성(立性)의 난이다. 꽃잎은 짧고 둥글며 안아피기를 하고 피어서는 취록색(翠綠色)이며 꽃대는 짧은 것이 앙증스럽다. 가끔 쌍두화로 약간 숙여 핀다.

설판은 대원설(大圓舌)에 한두 개의 점이 있으나 가끔 U자형의 붉은 점으로 피기도 한다.

헌하(憲荷)

　난잎은 중수엽성이고 잎폭은 대형이며 크게 원을 그리며 늘어진 품위는 여유로운 자세라 할 수 있다. 꽃잎은 웅대하고 취록색(翠綠色)이며 끝은 둥글면서 안으로 껴안고 있는 모습이다.

　복륜(覆輪)을 띠고 있는 듯 하며 살짝 벌어진 봉심의 끝은 맑은 호박색 같은 아름다움이 있다. 설판은 붉은 점이 보통 2개 또는 원보 같은 점이 있어 아름다우며 권설(捲舌)이다.

C. 수선판(水仙瓣)

꽃잎이 수선화를 닮았다고 해서 붙여진 이름이다. 주판, 부판 모두가 기부(基部)쪽은 좁게 시작하여 중간에 와서 넓어졌다가 다시 끝으로 오면서 좁아진 형태의 꽃들이다.

미인의 얼굴을 갸름하다 표현하듯이 여성적인 우아함을 갖는 자태로 평가하고 있다. 봉심은 반드시 투구가 있어야 한다. 대표적인 꽃으로는 용자(龍字), 왕자(汪字), 취일품(翠一品), 의춘선(宜春仙) 등이 있다.

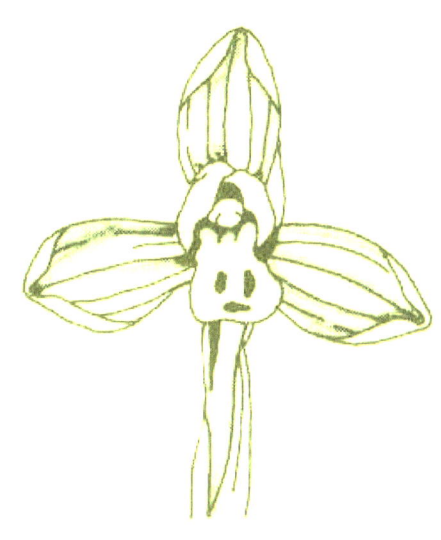

용자(龍字)

1800년대 저장성(浙江省) 위야오(餘姚)의 까오묘산(高廟山)에서 산채한 명품으로 사천왕(四天王)중의 하나이다.

잎은 중수엽(中垂葉)의 대형이고 광택이 있는 춘란이다.

꽃대는 높게 솟아오르며 꽃잎은 취록색(翠綠色)으로 안으로 조여드는 듯한 긴장감이 있고 여성적인 우아한 매력이 있다.

관음두의 봉심과 대포설의 설판에 역품자(∵)의 붉은 점이 선명하며 향(香) 또한 일품이다.

왕자(汪字)

저장성(浙江省) 펑화(奉化)에서 1630년경 왕커밍(王克明)이 발견한 난(蘭)이다. 잎은 중세엽으로 개성미가 있고 강건한 성질이 있으며 광택이 있다.

꽃대는 길게 자라며 꽃은 한일자피기를 하고 끝이 둥글어 얼른 보아 하화판 같으나 봉심에 투구가 있어 수선판으로 간주한다. 연한 비두는 봉심이 살포시 껴안았고 끝이 둥근 원설(圓舌)은 엷은 홍색의 점이 얕게 채색되어 있다.

취일품(翠一品)

1900년대 저장성(浙江省) 샤오씽(紹興)에서 발견된 난이다. 새싹은 녹자색이며 잎은 광택이 좋고 감색바탕에 녹색으로 중세엽(中細葉)의 반수형(半垂形)이다. 꽃대는 특히 가늘고 길게 자라며 꽃잎의 외3판은 장원형으로 작은 파도가 이는 듯 나타내는 엷은 취록색이다.

봉심은 얕은 투구 끝에 흰색이 가미된 듯하고 설판은 반원설로 붉은 점이 선명하여 돋보이며 한일자로 핀다.

의춘선(宜春仙)

1920년대 저장성(浙江省) 샤오씽(紹興)에서 아샹(阿香)이 발견한 춘란이다. 잎은 어두운 녹색을 띠며 두텁고 폭이 넓은 반수형(半垂形)이다. 꽃대는 가늘고 길게 높이 솟고 붉은색을 띠며 한일자피기를 한다.

꽃잎은 장원형으로 약간 어두운 녹색으로 살이 두텁다. 봉심은 관음봉심(觀音捧心)으로 약간 벌어지고 부드러운 투구는 길며 설판은 대원설로 붉은 점이 선명하다.

춘일품(春一品)

1873년 칭잉(慶應) 2년에 상하이(上海)에서 발견된 난이다.

잎이 가늘고 입엽성(立葉性)으로 유연한 곡선은 난의 아름다움을 나타내 주고 있다. 꽃은 길쭉하고 끝은 뾰족하며 한일자로 피고 엷은 녹색이 선명하며 깊이 숙여든 관음봉심은 아늑함을 느끼게 한다.

꽃 모양이 취일품과 비슷하여 혼동되기도 한다. 둥근 혀는 선홍색의 설점이 있으며 꽃대는 가늘다.

D. 소심(素心)

중국춘란의 꽃이 전부 푸르다 할 수는 없지만 대부분 "녹색 잎에 녹색 꽃"으로 그 아름다움을 간직하고 있다. 중국춘란을 평가하는 데는 색화에 대하여는 언급이 따로 없다.

소심은 꽃잎에 엽록소(葉綠素) 이외의 다른 색소가 없이 투명해야 한다. 설판은 어떤 색의 점도 없는 순수백색, 백황색이어야 하며 꽃대(花莖), 포의(苞衣)에도 티나 잡색이 없이 순수해야 한다. 소(素)는 깨끗하고 순수하고 소박함을 말하는 것으로 한란(寒蘭)과 추란(秋蘭)의 소심란에는 꽃 전체가 순백(純白)인 경우를 말한다. 아쉽게도 중국춘란에는 그런 꽃이 없고 다만 설판(舌瓣)을 중심으로 소심을 규정하였다.

백태소(白胎素), 녹태소(綠胎素), 황태소(黃胎素)의 순소심과 도시소(桃腮素), 자모소(刺毛素), 주사소(朱砂素) 등의 준소심으로 분류하고 있다.

소(素)에 대하여는 다음에 자세하게 설명하기로 하고 대표품종으로는 소대부귀, 노문단소, 문단소, 양씨소, 학장소등이 있다.

소대부귀(素大富貴)

1900년대 발견된 명화로 우람한 느낌을 주며 품위가 당당해 보이는 소심의 대부(代父)라 할 수 있다.

잎은 중수엽성으로 성질이 강건한 품종이다. 꽃대는 굵고 청백색으로 높이 신장되며 꽃잎은 담록색으로 꽃이 크고 쌍두화로 피는 경우도 있다. 봉심은 다소곳이 숙여 피어 좋고 흰 권설(捲舌)은 색이 변하지는 않으나 시간이 지나면 부판이 낙견(落肩)이 되는 버릇이 있다.

월패소(月佩素)

　20세기 초 칭(淸)의 꿩쉬(光緒)연간에 후쩌우(湖州)에서 발견된 난이다. 잎은 가늘어 문단소를 닮았다. 대형인 꽃은 하화판(荷花瓣)으로 선단은 녹색을 머금고 기부가 황색을 머금어 꽃 속에 촛불을 켜놓은 듯 밝게 보인다. 봉심(捧心)은 긴장된 모습을 하고 엷은 녹색이나 꽃잎 가장자리에는 흰색이 서린다. 꽃대는 신장되고 꽃의 혀는 백색이며 대원설로서 보기 드문 명품이다.

노문단소(老文團素)

샤오쩌우(蘇州)에서 칭(淸)의 따오꽝(道光) 연간에 쥬원인(周文殷)이 발견하여 주문은(周文殷)이라는 이름으로 전해오다가 문단소(文團素)가 발견되면서 구별하기 위하여 노문단소(老文團素)라 하였다. 잎은 유화(柔和)한 곡선이며 꽃은 주판이 위로 뻗치는 느낌이고 봉심이 열리는 경향이 있으나 순백(純白)의 대권설(大捲舌)은 일품이다. 꽃대가 긴 소심의 명화라 할 수 있다.

문단소(文團素)

노문단소(老文團素)와 너무 흡사하여 구분이 어려우나 노문단소가 한일자피기를 하는데 반하여 낙견(落肩)으로 피는 것이 다르다.

혀는 백색에 권설로서 소심으로는 귀한 품종이다.

잎은 진한 녹색이며 반수엽성으로 광택이 흐르고 운치가 있는 귀품이다.

양씨소(楊氏素)

닝뽀(寧波)에 사는 양주런(楊祖仁)이 발견하여 명명하였다.

취개(翠蓋)와 같이 소품의 난(蘭)으로 별명은 양씨소하(楊氏素荷)라 한다. 잎은 두텁고 진한 녹색이며 중수성으로 광택이 있고 굳건해 보인다. 꽃은 비취색의 짧은 원형이며 혀는 순백(純白)의 대원설(大圓舌)이다.

봉심은 비두를 감싸고 있어 꽃이 크면서도 단정하나 꽃대가 짧게 올라와 시원한 멋이 없어 아쉽다.

채선소(蔡仙素)

　18세기 첸룽(乾隆)때 차이쓰(蔡氏)가 발견한 난(蘭)이다. 기부와 끝은 좁고 중간은 넓으며 광택이 있는 명화이다. 꽃대는 가늘고 꽃잎은 후육(厚肉)하며 엷은 녹색화판에 약하게 복륜(覆輪)을 두른 듯하다.
　소심으로는 진귀하게 봉심에 엷은 황색의 투구가 있는 것이 특징이며 설판은 순백의 대권설로 채매소에서 분류되었다. 성질이 강하지 못하여 기르기가 까다롭다.

옥매소(玉梅素)

4세기경에 발견된 난이다. 적아로 발아하며 잎은 세엽으로 단단한 엽질을 가지고 있고 거치가 예리한 반입성이다.

꽃대는 붉고 담취색이나 백화의 꽃을 피운다. 외3판은 길고 매화판으로 두텁고 경봉심은 투구가 있으며 순백색의 혀는 소여의 설이다. 안쪽으로 은은한 도시소이며 붉은 화경(花莖)에 소심 꽃을 피우는 것은 중국춘란에는 옥매소(玉梅素) 뿐으로 귀여운 소품이다.

부강소(富岡素)

2차 대전 때 일본으로 유입된 산채품(山採品) 중에서 발견되었다. 꽃은 푸른색이 강하며 주판이 약간 앞으로 숙여든 듯하고 비취색인 대형 꽃이다.

꽃대는 가늘고 길게 신장하고 단정한 봉심은 다소곳하며 설판은 순백색으로 크다. 잎은 담록색으로 폭이 넓은 편이며 자태는 노문단소와 같이 반수의 기품이 있는 엽자(葉姿)이다.

천동소(天童素)

잎은 광택이 있는 중수엽(中垂葉)으로 자태가 수려하다.

화형은 한일자로 피며 안쪽으로 꽃잎이 말려드는 듯한 모양을 하여 특이한 느낌을 준다. 봉심은 다소곳이 숙여 껴안은 모양으로 투구를 감싸고 있다. 설판은 순백(純白)으로 진한 녹색의 꽃잎과 어우러짐이 아주 좋은 꽃이다. 비교적 광선에 약하므로 강한 광선에는 잎 끝이 타서 검은 점이 나타나기도 한다.

장하소(張荷素)

대길상소(大吉祥素)라는 별명을 가진 난(蘭)이다.

백록(白綠)으로 출아하며 자라면서 잎이 넓고 두터우며 광택이 있는 대엽(大葉)이 된다.

꽃대는 가늘고 길게 신장하며 꽃은 하화판(荷花瓣)으로 꽃잎이 두텁고 투명하여 엷은 황록색이 특이하다. 한일자피기를 하나 시간이 지나면 대락견(大落肩)으로 변한다. 순백의 대권설(大捲舌)은 쌍두화로 피기도 하여 명화로 대접받는다.

운남설소(雲南雪素)

원난성(雲南省)의 사란(絲蘭)과 비아남란(鼻亞南蘭)의 중간정도의 난이다. 잎 폭은 가늘고 강한 입엽(立葉)이며 한 포기에 5~7장의 잎이 나오는 난이다.

꽃은 순백색(純白色)이고 낙견피기를 한다. 모든 꽃잎에 녹근(綠筋)이 들어있어 줄무늬 진 모양이 한결 꽃을 돋보이게 한다. 꽃대 하나에 서너 송이의 꽃이 매달려 한층 아름다움을 더해준다.

학상소(鶴裳素)

1936년에 일본에 입수된 산채품(山採品) 중에서 나온 소심(素心)으로 도시소(桃腮素)이다.

잎은 반수성으로 폭이 넓으며 곡선이 유연하다. 꽃의 3판 모두가 폭이 넓고 끝이 뾰족하며 봉심(棒心)은 껴안아 피기를 한다.

설판은 순백색(純白色)이며 크게 말려있다. 혀의 기부에 엷은 도색(桃色)이 나타나는 도시소의 대륜(大輪)으로 피는 명화이다.

용천소(龍泉素)

1940년경에 일본에 입수된 품종으로 일반에는 많이 알려지지 않은 소심이다. 꽃대는 크게 신장되지 않으며 꽃은 삼각피기로 정연한 모습을 보이며 주, 부판은 엷은 청색으로 길게(長形) 핀다.

봉심은 엷은 황록색이 들어있고, 설판은 진한 황색이며 끝은 크게 말려 핀다. 잎은 진한녹색으로 두터우며 입성인 중엽으로 단단한 느낌을 주는 자태(姿態)이다.

채매소(蔡梅素)

칭(淸)의 첸룽(乾隆) 때 차이(蔡)씨가 발견한 꽃이다. 옥매소를 닮았으나 꽃이 더 큰 소심으로 꽃잎은 안으로 살짝 숙인 듯 말려 한일자로 핀다. 황색이 약하게 두른 듯하고 봉심은 녹색에 황색을 덮어쓰고 있다. 설판은 투구를 받들어 봉심과 더불어 가운데로 모여 삼판일비두식(三瓣一鼻頭式)으로 이채롭다.

잎은 중수성이며 곡선으로 광택이 흐르는 엽자(葉姿)를 자랑한다.

주씨소(酒氏素)

꽃은 외3판(外三瓣)이 모두 길고 봉심(捧心)은 화심을 껴안고 있으며 엷은 백록색(淡白綠色)이다.

설판은 뒤로 크게 말려든 기품이 있는 꽃이다.

잎은 세엽으로 두터우며 직립성이고 양씨소(楊氏素)와 유사한 소형의 엽자(葉姿)를 가지고 있다. 품종 이름을 똑똑히 알지 못하는 가운데 전시장에서 주씨의 출품으로 주씨소(酒氏素)로 통하게 되었다고 한다.

왕씨소(王氏素)

꽃대는 약간 신장되며 백색으로 투명하고 꽃잎의 3판 모두가 장원형(長圓形)으로 엷은 녹색이다. 대락견(大落肩)으로 피는 큰 꽃이다. 설판은 뒤로 말리고 시간이 지나면 꽃잎 모두가 황색으로 변색이 되는 흠이 있다.

잎의 엽원(葉元)은 가늘지만 자라면서 두텁고 폭이 넓은 편이나 광택이 없다. 소주(小株) 일 때는 꽃이 잘 안 피는 결점이 있다.

E. 기품종(奇品種)

꽃잎(花瓣, 화판)이나 봉심(捧心) 또는 설판(舌瓣)이 일반 난(蘭) 꽃잎 보다 많거나 적기도 하다.

모양이 여러 가지의 기형(奇形)으로 생겨서 붙여진 품종들을 말한다.

대표적으로는 녹운(綠雲), 여호접(余胡蝶), 잠접(簪蝶), 사희접(四喜蝶), 무접(舞蝶), 진접(珍蝶) 등 많이 있다.

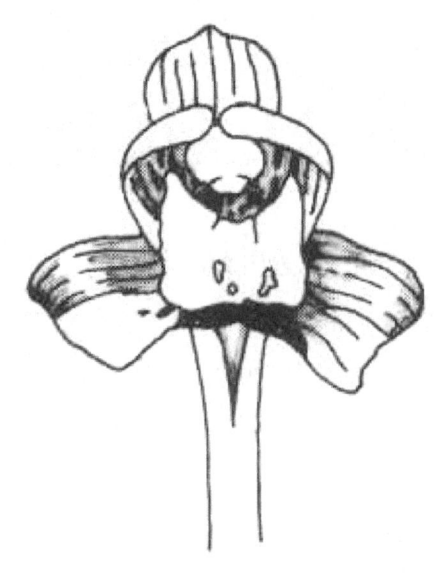

녹운(綠雲)

저장성(浙江省)의 항쩌우(杭州)에 있는 우윈산(五雲山) 근처에서 1860년대 칭(淸)의 원쫑(文宗)때 천쓰(陳氏)가 발견한 난이다.

잎은 반입성이며 단엽으로 광택이 있다. 대부귀꽃 여러 개 모인 것 같은 품종으로 재배에 따라 꽃잎의 수가 다양하다. 봉심에는 자홍색의 줄무늬가 있고 설판은 둥글며 백색으로 담홍색점이 있는 단설(短舌)이다. 꽃대는 짧고 기종의 대표 품종이다.

여호접(余胡蝶)

샤오쩌우(蘇州)의 유(餘)씨 정원에서 발견되었다.

2차 세계대전 중 일본 군 장교가 입수한 것이라고 전한다. 잎은 중수엽성으로 세엽(細葉)에 가깝다. 주, 부판이 10여 장 되고 반설판도 5, 6장이나 된다. 봉심과 앞뒤로 엉켜 피는 기형으로 난잡해 보이나 중앙부에 비두가 자리하고 붉은 점이 없어 소심에 가깝다. 쌍두화로 피는 것이 보통이다.

잠접(簪蝶)

일본 「蘭華譜」의 저자인 고바라시(小原流水)가 1930년대 중국에서 입수한 명화이다. 잎은 농록색(濃綠色)으로 기부는 가늘고 광엽이며 광택이 있는 반입성이다.

꽃잎의 주판은 녹색에 가까우나 부판은 황록색이며 대락견(大落肩)이다. 설판(舌瓣)은 권설이며 황색이고 붉은 점이 아름답다. 꽃이나 잎 모두가 소접(笑蝶)을 닮았으며 화판이 탁한 것이 흠이나 명화이다.

진접(珍蝶)

잎은 암록색(暗綠色)으로 가늘고 반수엽(半垂葉)의 중형으로 자태가 아름답다. 꽃잎은 내판과 외판이 모두 둥글게 피었고 엷은 황록색 바탕에 선명한 자홍근(紫紅筋)의 무늬가 있다. 꽃 크기는 작으나 특색 있는 접견(蝶肩) 피기를 하고 있다. 부판(副瓣)의 아래쪽이 설판(舌瓣)으로 변하여 뒤로 젖혀진 꽃이며 설판(舌瓣)은 백황색으로 꽃에 비해 크고 붉은 점이 선명하다.

사희접(四喜蝶)

  80여 년 전에 발견된 난(蘭)이다. 내, 외판은 회색을 띤 엷은 황록색(黃綠色)으로 꽃잎은 사방으로 젖혀져 교차하여 피고 있다. 설판(舌瓣)은 두 장으로 상하로 갈라져 상향(上向)피기를 한다.

  때로는 화판수가 많아서 불규칙하게 팔중(八重)피기가 되어 복잡한 느낌을 주기도 한다. 잎은 용자(龍字)를 닮아 엽원(葉原)이 가늘고 암록바탕에 광택이 적은 중수엽(中垂葉)이다.

무접(舞蝶)

　잎은 가늘고 연한 녹색이며 중수성(中垂性)으로 잠접(簪蝶)과 유사하다. 화판은 엷은 녹색으로 황색이 강하며 꽃잎은 대나무 잎같이 유난히 뽀족한 것이 특징이다. 부판은 아래로 처져있고 봉심까지 가운데 홍자근(紅紫筋)이 하나 씩 들어있다.
　봉심은 만세를 부르듯 젖혀져 비두가 들여다보인다. 설판(舌瓣)은 백색으로 크게 말려있으나 양 볼에 홍자색(紅紫色)이 선명하다.

예접(蘂蝶)

잎은 어두운 녹색이 강하며 가늘고 수성(垂性)이라 아름답다. 꽃대(花莖)는 가늘며 높이 자라고 외3판(外三瓣)의 꽃잎은 대나무 잎 같은 모양으로 뾰족하다.

담록색(淡綠色)으로 삼각피기를 한다. 봉심(捧心)은 혀로 변하여 삼설(三舌)로 젖혀지고 중심부에 엷은 녹색이 번지며 붉은 점이 산재해있다.

소접(笑蝶)

잎은 근원이 가늘고 중간이 넓으며 반입성(半立性)으로 광택이 있는 아름다운 난(蘭)이다.

꽃잎의 주판은 녹색이고 붉은 선의 근원이 들어있다. 부판은 폭이 넓고 아래쪽은 백색이 들어있다. 꽃잎 끝은 약간 뒤틀리며 처음 필때는 사람이 웃는 모습을 닮았다고 해서 부쳐진 이름이다. 배양의 방법에 따라 조금씩 화형이 변하기 때문에 판별하기가 어려운 꽃이다.

소접(素蝶)

잎은 폭이 넓고 황색(黃色)을 머금은 녹색(綠色)으로 반입성(半立性)으로 크게 자란다.

꽃잎은 모두 농녹색(濃綠色)으로 두터우며 안아피기를 한다. 부판(副瓣)의 아래쪽 기부에는 일부가 설판(舌瓣)으로 변한 백색(白色)이 뚜렷하며 낙견(落肩)으로 핀다. 순백(純白)의 설판(舌瓣)은 폭이 넓으면서 대권설(大捲舌)이라 명품 중의 명품이다.

F. 복륜(覆輪)

잎의 가장자리에 백색 또는 황색의 선이 덮어 둘러진 무늬이다. 모양에 따라 사복륜(絲覆輪), 조복륜(爪覆輪), 대복륜(大覆輪)으로 구분한다.

난 잎의 아름다운 무늬를 나타내는 말로서 중국춘란에는 흔하지 않다. 대표적인 난으로 부수춘(富水春)과 군기(軍旗)가 있다.

우리말로는 갓줄무늬라 하며 부륜(覆輪)이 옳은 발음이나 오용되고 있다. (新漢日韓辭 典時事日本語研究社編 참고)

부수춘(富水春)

　중국춘란 중 진귀하게 꽃과 잎이 모두가 뛰어난 예를 지닌 이 예품(二藝品)의 명화이다. 꽃의 5판이 모두 후육(厚肉)하고 화판이 농녹(濃綠)의 바탕색에 유백색(乳白色)의 복륜이 깊게 들어 볼만한 정취(情趣)이다.

　잎은색이 짙으며 광택이 흐르는 대엽성으로 엽원(葉原)에서 잎 끝까지 유백색의 복륜을 두르고 있다. 유연한 곡선미는 감상하는 이들의 감탄을 자아내게 한다. 구로사끼 아끼히도(黑崎陽人)씨의 작명으로 그 내용의 일화가 유명하다.

군기(軍旗)

　상하이(上海)에서 일본군 후꾸시마(福島)가 쏭펑웬(松風園)에서 발견한 난(蘭)이다. 부대군기 앞에 장식해 둔 것을 인연으로 「軍旗」라 명명하게 되었고, 중국춘란 중에 유일하게 중투호반(中透縞斑)이다. 잎은 감복륜(紺覆輪)에 선명한 백색줄무늬를 보이고 폭이 넓은 반입성의 곡선미는 한층 멋스럽다. 꽃잎은 녹색 바탕에 백색 줄무늬가 있고 설판은 권설로 붉은 점이 있다.

G. 색화(色花)

　중국춘란의 특색은 녹색 잎에 녹색 꽃이며 유향이 있는 것이 특색인데 특이하게도 색화가 있다. 한국춘란과 같이 화려하지는 않지만 은은하게 멋을 보여주는 품위가 있다.

　그러면서 잎은 여전히 중국춘란답게 중수엽성 모양을 하고 있어 멋을 더한다.

　색화로는 홍로봉, 자운령, 천사황, 주춘취 등이 있다.

홍로봉(紅露峰)

잎은 반수엽성(半垂葉性)의 중세엽(中細葉)이고 두터운 편이다. 꽃대는 가늘고 길게 솟아오르며 수선판(水仙瓣)으로 한일자피기를 한다. 꽃잎은 녹색 바탕에 자홍색을 함유하고 있다.

봉심(捧心)은 열려 피는 편이고 설판(舌瓣)은 좁고 길며 뒤로 말려 피며 엷은 자홍색(紫紅色)의 설점이 있다.

자운령(紫雲嶺)

2차 대전 때 산채(山採)된 품종으로 일본에서 명명한 것이다. 잎은 어두운 녹색 바탕에 반수형으로 광택이 매력적이다. 꽃잎은 죽엽판(竹葉瓣)으로 삼각피기를 한다. 전체적으로는 자홍색이나 내, 외판의 안쪽은 녹색 바탕에 홍자색을 띠고 있다. 흰설판은 좁고 2개의 붉은 점이 있다. 보통 쌍두화를 피우는 성질이 있다. 색상 발현에는 재배기술이 요구되는 품종이다.

천사황(天司晃)

당자포(唐紫苞)라는 별명이 있으며 꽃대는 가늘고 길게 솟는데 비해 꽃잎은 죽엽형(竹葉形)으로 크고 탁한 느낌이며 낙견(落肩)으로 핀다. 화판(花瓣)은 모두가 홍자색이나 안쪽은 약간 녹색을 가지고 있다. 설판(舌瓣)은 권설로 붉은 점이 산재해 있고 재배에 따라 변화가 많은 난이다. 잎은 어두운 녹색 바탕에 반입성이며 세엽(細葉)으로 재배에 어려움이 따른다.

주춘취(朱春醉)

꽃잎은 폭이 넓고 둥근 느낌이 드는 죽엽판(竹葉瓣)으로 낙견(落肩)피기를 한다. 밝은 색이 아니고 약간 어둡고 탁한 붉은색 바탕에 진한 녹색의 화근(花筋)이 있어 화판에 녹색이 남아있다. 설판은 흰색 바탕에 붉은 점이 있으며 발색(發色)에는 상당한 기술이 요구된다. 재배에 따라 색의 좋고 나쁨이 나타난다.

중입성의 잎은 폭이 넓은 대형품종으로 번식이 잘된다.

H. 춘한란(春寒蘭)

춘란(春蘭)과 한란(寒蘭)의 자연 교배종이다.

일반식물은 종간교배로만 종족을 유지시킨다.

그러나 난은 타 종간에도 교배가 가능하므로 종족 유지는 물론 발전까지 시키는 진화된 식물이다.

따라서 어떠한 조건이 되어도 이 지구상에 영원히 살아남을 식물 중 하나로 생각된다.

춘한란의 대표인 난은 호덕지화, 일조지예, 송춘 등이 있다.

호덕지화(浩德之花)

화판은 내판 외판 모두 폭이 넓고 끝이 약간 둥글어 춘란의 느낌이 강하다. 도홍색(桃紅色)에 자적색(紫赤色)의 호(縞)가 있어 아름다우며 설판은 권설로 백황색(白黃色)에 담홍점(淡紅点)이 산재해있다. 일경다화로 꽃이 핀다.

잎은 짙은 암록색(暗綠色) 바탕에 반입성으로 세엽혜란(細葉蕙蘭)과 비슷하며 강한 느낌을 주는 춘한란(春寒蘭)이다. 춘란과 한란의 자연 교배종이다.

일조지예(一條之譽)

잎은 폭이 넓고 두터우며 입엽성(立葉性)으로 거치(鋸齒)가 있다. 춘란과 한란의 자연교배종(自然交配種)이며 대만에서는 지금도 가끔 채취되고 있다.

꽃잎은 내판(內瓣) 외판(外瓣)의 끝은 모두가 녹색 바탕이고 꽃잎이 붙은 쪽은 홍색의 호(縞)가 들어있다. 설판은 담황색(淡黃色)이며 붉은 점이 있고 권설(捲舌)이다. 일경다화이다.

송춘(頌春)

꽃대는 진한 적자색(赤紫色)으로 꽃을 피우는 우아한 춘한란(春寒蘭)이다. 사란(絲蘭)과 대만한란의 자연교배종으로 꽃은 자홍색의 줄무늬가 들어있는 적화(赤花)이다.

꽃잎은 가늘어 한란을 닮았다. 화판은 적자(赤紫)의 바탕에 호(縞)가 살짝 들어있다. 설판에는 붉은 색의 설점이 있다. 잎은 끝이 가늘어 전체적으로 아름다움을 더 한다.

② 중국춘란(中國春蘭) - 일경구화

일경구화는 한 꽃대에 여러 송이의 꽃이 피는 춘란을 말한다. 꽃대는 4~5cm 잎 위로 높이 신장하여 적게는 5,6송이 많게는 10여송이가 달린다.

일경일화 춘란에 비해 우람하고 크며 잎과 꽃이 건장하여 남성다운 모습을 보여주고 있다.

일경구화로는 대일품, 극품, 정매, 최매 등 많은 종류가 있으며 꽃의 화려함은 대단하다. 꽃에 비해 잎은 억새풀 같이 윤기가 없어 보여 볼품이 적다.

극품(極品, 綠萼)

1900년대 중국 저장성(浙江省) 항쩌우(杭州)의 공청화웬(公誠花園)에서 핑창진(馮長金)이 발견한 매화판이다. 꽃은 담녹색이며 한일자로 핀다. 3판 모두가 끝이 둥글며 봉심은 백태(白苔)가 낀 딱딱한 투구가 있다. 설판은 용(龍)의 혀를 연상케하고 붉은 점이 산재해있다. 꽃대는 굵고 직립성이며 열 네 다섯 개의 꽃이 달려있으나 꽃과 꽃 사이가 협소한 것이 큰 흠이다.

대일품(大一品, 綠莖)

120년 전 푸양(富陽)에서 발견된 난이다. 꽃잎은 끝이 약간 둥근 연꽃같은 수선판(水仙瓣)으로 담녹색이며 개화하여 오래되면 비견으로 변한다. 잠아봉심에 대여의설을 한 꽃으로 꽃대는 가늘고 높이 신장한다. 잎은 폭이 넓으며 광택이 흐르는 수엽성의 명품이다. 샤오쩌우(蘇州)의 난전시회에 출품되었던바 모두가 대일품이라 칭찬한데서 붙여진 이름이다.

정매(程梅, 赤莖)

첸룽(乾隆)시대 창쑤(常熟)에서 발견된 난이다.

매화판인 외3판은 두터우며 짧고 둥글어 훌륭하고 꽃 가장자리가 안쪽으로 숙여 있으나 한일자피기를 한다. 단단한 투구에는 황록색이 확연하고 여의설(如意舌)인 설판에는 붉은 점이 산재해있다. 꽃대는 굵고 강하게 솟아 남성적인 느낌을 받는다. 잎은 암녹색이며 엽맥이 강한 대엽으로 넓으며 두텁고 성질은 중수성(中垂性)이다.

강남신극품(江南新極品, 赤莖)

1915년 중국 샤오씽(紹興)의 첸아루(錢阿祿)가 발견하여 우시(無錫)의 양간칭(揚幹鄕)씨가 배양한 적경(赤莖)이다. 꽃은 청녹(靑綠)이 선명한 희귀품이다. 매화판인 화형은 외3판은 좁고 긴 원형이며 반경봉심은 조금 열린 듯 숙였다. 여의설인 설판은 담홍점이 산재해있다.

잎은 암녹색이며 반수성으로 광택이 있고 성질은 강하다.

최매(崔梅, 赤莖)

중국 항쩌우(杭州)의 췌이팅(崔怡庭)이 발견한 난이다. 꽃대는 가늘게 신장되고 꽃은 매화판(梅花瓣)으로 둥글고 강한 장원형으로 담황녹색이다.

반경두봉심(半硬兜捧心)은 가지런한 모양이고 용탄설(龍呑舌)인 설판에는 붉은 점이 있다. 한일자피기를 하는 명화이다. 잎은 진한 암녹색의 중세엽(中細葉)으로 반수성(半垂性)인 성질을 가지고 있다.

누매(樓梅, 綠萼)

1880년대 샤오씽(紹興)의 로우(樓)씨가 발견하여 명명한 난이다. 주, 부판은 연한 녹색으로 한일자피기를 하고 화판은 길고 끝이 둥글다. 설판은 크고 뒤로 말렸으며 꽃대는 높게 신장하여 시원한 느낌을 주는 명화이다.

잎은 두텁고 반수성(半垂性)으로 성질이 강하여 번식도 잘되어 많은 호평을 받고 있다.

온주소(溫州素, 素心)

중국 저장성(浙江省) 원쩌우(溫州)에서 발견된 백화대륜의 명화이다. 꽃은 수선판으로 한일자피기를 하며 엷은 황색의 소심이다. 꽃이 필 때 부판 아래가 말아 올린듯한 느낌이며 봉심은 약간 벌어진다. 설판은 백황바탕에 담녹색을 곁들인 대권설로 백황색이 빛나는 아름다움을 가지고 있다.

잎은 폭이 넓어 당당하며 살이 두터워 웅대한 느낌의 대엽(大葉)은 반수성이다.

금오소(金墺素, 素心)

위야오(餘姚)의 진아우산(金墺山)에서 1800년대에 발견된 난이다. 연꽃 모양이나 끝이 대나무 잎같이 뾰족하다. 봉심은 다소곳이 비두를 감싸 안아 화형이 정숙해 보이며 설판은 담황바탕에 담녹색을 곁들여 뒤로 말려들었다. 꽃대는 맑고 깨끗한 담녹색으로 꽃과 꽃 사이가 여유가 있어 품위가 있다. 잎은 엷은 황색느낌의 녹색이고 엽맥이 강한 입엽성인 것이 개성적이다.

여의소(如意素, 素心)

　꽃잎이 대나무 잎 같이 뾰족하고 살이 두터우며 백록색(白綠色)으로 한일자피기를 한다. 봉심은 묘이봉심(猫耳捧心)이며 설판은 엷은 녹색과 황색이 조화를 이룬 백무점(白無点)이고 대권설이다. 꽃대는 가늘고 길게 신장된 청경(靑莖)으로 화간(花間)도 적절하여 아름다운 명화로 대접한다.

　잎은 중세엽의 입엽성으로 성질이 강하고 광택이 있으며 자태(姿態)가 멋스럽다.

③ 한국춘란(韓國春蘭)

우리나라 춘란의 이름은 여러 가지로 불리어지고 있다. 봄을 알린다는 뜻의 보춘화(報春花)가 대표적이며 꿩밥, 장풍, 여달래 등이 있으나 학명은 Cymbidium goeingii이다.

앞서 자생분포에서 말씀한 바와 같이 서쪽은 장산곶, 동쪽은 간성에서 남으로 해안선을 따라 해발 200~400m에서 자생한다. 내륙지방은 추풍령이 남에서만 볼 수 있으며 주로 서, 남쪽해안 지방에 많이 자생하고 있다.

제주도는 춘란을 비롯하여 한란, 풍란, 석곡 등 100여 종의 난이 있는 우리나라 자생란의 보고 이기도하다.

보춘화라 불리는 춘란의 99% 이상이 일반 춘란이다.

색화(色花)인 화예품(花藝品)이나 잎무늬 품종인 엽예품(葉藝品)은 아주 적은 숫자에 불과하다.

그것도 수년 동안 남획 채집한 관계로 감상의 가치를 지닌 난을 이제는 자생지에서도 발견하기 쉽지 않아 앞으로는 채집된 희귀종을 번식 보존시키는 일이 애란인들의 소임으로 남게 되었다.

오랜 세월동안 화려하지 않으면서 유향(幽香)이 있는 중국춘란을 감상하며 즐겨왔던 것과는 비교된다. 우선 향이 없다는 것이 한국춘란의 큰 흠이기는 하지만 잎의 색이 농녹색이고 잎면이 광택이 흐르고 거친 거상(鋸狀)과 우아한 곡선미를 갖춘 자태가 각별한 매력이다.

향이 없는 대신 화려하고 다양한 색상과 무늬는 크게 자랑거리가 아닐 수 없다.

색화는 중국춘란에는 거의 없다 시피해서 일본에서는 만년청(万年靑) 원예전통의 경향이 상당히 육성되어 왔다. 일찍부터 춘란

한란들을 꽃색(花色), 엽자(葉姿), 엽형(葉形) 등으로 구분하여 배양되어 왔다. 이것은 일본 독특한 원예로서 발상 근원이 되었다.

한국춘란도 일본춘란과 성품이 대동소이한 관계로 감상의 내용이 비슷하여 동양적 감각과 세련미를 만족해 오고 있는 실정이다.

화색은 언제나 꼭 같지 않고 온도 습도 일광 등 관리 방법에 따라 색채가 조금씩 다르게 변화된다.

야간온도를 저온으로 관리하게 되면 체내에 당이 축적되어 색소를 안정시켜 주므로 발색이 좋아질 수 있다.

체험으로 미루어 이렇게 저렇게 많은 경험을 만드는 것이 심오한 흥미에 이끌리는 점이 아닌가 생각되기도 하며 그 재미에 푹 빠져드는지도 모르겠다.

☀ Cymbidium goeringii는 일본 나가사끼(長崎)에서 식물을 채집한 Philip F.W. Goering인 네델란드인을 기념하여 붙인 이름이다.

石坡 李昰應 墨蘭圖
地本水墨 (37.8×27.3cm)

A. 화예품(花藝品)

화예품이란 꽃잎이 녹색(綠色), 홍색(紅色), 자색(紫色), 황색(黃色), 백색(白色, 素心)등 여러 가지 색상으로 피는 꽃의 화려한 색상을 감상의 가치로 따지는 색화를 말한다.

색상도 홍색이라 하여 단순히 붉은 것만이 아니고 그 색이 엷고 진하여 다양하다. 화려함이 말로써 표현할 수 없을 정도이며 잎에 든 무늬가 꽃에도 들어 조화로움이 극에 이르는 난도 많이 있다.

꽃의 색깔은 자신이 가지고 있는 엽록소와 등화소, 화청소가 햇빛의 강도와 수분의 함량에 따라 결정되어 진다.

같은 품종이라 할지라도 재배자의 관리에 따라 색상의 발현이 다르게 나타나기도 한다.

난꽃잎의 세포 속에는 류코플라스트(Leucoplast, 백색체), 클로로필(Chlorophyll, 엽록소), 카로티노이드(Carotenoid, 등황소), 안토시아니딘(Antocyanidin, 화청소) 등이 있는데 이들이 적절한 비율로 섞이는 데에 따라 황색, 적색, 주황색, 자색 등으로 발현하게 되는 것이다.

화청소는 생체세포 중에서 당(糖)과 결합하여 안토시아닌(anthocya- nin)의 상태로 존재해 있다가 색상조절에 기여하고, 훨라보놀(Flavonol)은 백색, 크림색을 나타내며, 적색과 청색을 나타내는 화청소는 꽃과잎, 열매의 세포에 널리 퍼져 있다.

등화소는 모든 꽃 속에 포함되어 있는 색소로서 황색을 나타내며 카로틴(carotene)이 대표적으로 엽록소와 혼합되어 있으나 물에 녹지 않는 색소다.

춘란 꽃의 주된 색상은 녹색 또는 엷은 녹색으로 다른 꽃에서는 볼 수 없는 특별한 현상이다.

꽃의 색깔은 엽록소가 결정하게 되며 적색, 홍색, 황색 등은 등화소, 화청소의 영향을 받아 발색되는 것이다.

화아가 화장토 밖으로 출아한 뒤 화통이나 수태로 햇빛을 가렸어도 벌브에 햇빛이 쪼이게 되면 적화는 앞서 말함과 같이 벌브에 저축된 영양에 따라 아름다운 발색이 나오게 된다.

너무 강한 일조는 색소를 날려버리게 되지만 알맞게 균형을 잡기가 어려우므로 어느 정도 차광을 하면서 조절이 필요하게 되는데 이것이 재배의 테크닉이라 할 수 있다.

동양란의 꽃에는 엽록체가 있으므로 선명한 색상을 요구하는 도색(桃色), 황색(黃色), 백색(白色) 등은 쉽게 얻을 수가 없다는 것이다. 따라서 도색이라는 것이 적색에 가까운 것이 아닌가 할 정도로 많은 양이 있다고 생각된다.

한국춘란의 적화(赤花)에도 그런 느낌이 있어 도화(桃花)이든 황화(黃花)이든 감상하는 사람이 아름다움과 감동을 받게 되면 좋게 평가한다.

그러나 색을 말할 때에는 순도(純度), 즉 엽록체가 적을 때가 중요한 포인트가 된다. 소심의 경우에도 같은 느낌이고 백색의 순도가 어느 정도인가에 따라 희소가치로 평가될 수 있다.

a. 적화계(赤花系)

붉은색은 엽록소와 화청소가 함유되어 있어 나타나는 색상이다. 진황색(朱金色)과 진홍색(赤紅色)이 주종을 이루고 있으며 특히 진황색 같은 색상은 난꽃에서만 볼 수 있는 특이한 색상이다.

진황색의 좋은 발현은 탁한 원인이 되는 엽록소를 억제하는 것이 중요하다.

불 꽃

잎은 세엽성으로 살짝 휘어 멋이 있고 짙은 녹색에 광택이 있다. 꽃대는 엷은 녹색으로 높이 솟아 있으나 꽃이 붙은 가까이 붉은 색이 엷게 쓰며 있다. 꽃잎은 끝이 안으로 숙여 있다. 한국 춘란의 특징인 주판이 크게 숙여져 있는데 반해 균형 잡힌 한일 자피기를 하여 단정함을 느끼게 하는 대형이다.

봉심이 비두를 가려준 자태가 단정하고 백설에 붉은 반점이 있다. (95. 전남, 화순산)

동원(東園)

잎은 중수엽으로 짙은 녹색에 광택이 있고 폭이 넓다.

꽃대는 높이 솟아 우뚝하고 삼각피기를 하는 화형은 수선판을 닮아 안정된 느낌을 준다.

화근이 들어있는 꽃색은 진하지 않아 감상하는데 실증이 없을 듯 느껴지며 다소곳한 봉심마저 흥미롭다. 백설에는 몇 개의 붉은 점이 불규칙하게 놓여 멋을 더해주는 대형의 꽃으로 홍화의 멋을 한끝 높여준다. (89. 전남, 장성산)

홍로(紅露)

　반입엽의 잎은 폭이 좁은 세엽성으로 광택이 흐른다.
　꽃대는 흰색에 녹색이 번지는 느낌으로 투명하다. 꽃잎은 녹색에 붉은 색이 녹아들어 조화로우며 백설은 길게 내밀고 말려들어 홍화소심을 대변한다.
　홍화에 소심은 이예품(二藝品)으로 진귀하고 소(素)의 색이 너무도 청정하고 깨끗하여 그 속으로 빨려드는 느낌으로 감상을 하게 된다. (88. 전남, 나주산)

아사달(阿斯達)

잎폭은 넓고 거칠며 중수엽성이다.

꽃이 둥글고 녹색이 묻어 나오는 듯하여 짙은 황색을 띤다.

특히 주판이 숙여있어 전체적으로 안아피기를 하고 있다. 두 손을 모은 듯한 봉심의 자태가 균형을 이루고 있다. 넓은 혀는 뒤로 살짝 말려들고 붉은 점이 선명하다. (99. 전남산)

여산(女山)

    담록의 잎은 중수엽으로 폭이 좁고 날씬하여 강직한 느낌을 준다. 진황색(朱金色)이 완벽할 만큼 발색이 좋다. 단정한 봉심과 적당히 벌어있는 개화가 전체적으로 조화를 이룬다. 설판에도 황색이 스치듯 물들어있다. 시원스럽게 솟은 꽃대가 목이 긴 여인을 연상하게 하는 조화로운 명품이다. (96. 전남 화순산)

태양(太陽)

 잎은 짙은 녹색에 광택이 있다. 꽃대는 힘 있고 꽃은 단아하게 피어 균형이 잡혀 있다. 꽃색은 녹색 바탕에 붉은 색이 번진 듯 색의 조화가 자연스럽다. 매화판을 닮아 꽃잎은 둥글고 한일자피기를 하였으나 조금 처진 듯한 느낌이다. 단정히 비두를 감싸 안은 봉심은 다소곳하고 흰색바탕의 설판에는 붉은색 점이 여유 있게 자리 잡아 한층 돋보인다. (92. 울산, 미연산)

b. 자화계(紫花系)

붉은색이 어둡고 탁한 느낌을 주는 관계로 색화 중에서는 크게 환영을 받지 못하고 있다.

밝은 자색이 지배적이어야 우수한 품종으로 여긴다.

녹색과 어울려 탁하게 되면 자연 어둡게 느껴진다.

금자(金紫)

잎은 수엽성으로 광택이 있으며 엷은 녹색이다.

꽃색은 녹색이 섞인 자색으로 어두운 빛이 있는 듯 느껴진다. 낙견이 많은 한국춘란에 비해 한일자피기를 하고 봉심도 단정하다. 설판에는 붉은 점이 산재해 원보로 보기는 어려울 듯하며 깨끗한 느낌이 덜하나 바탕이 흰색으로 대포설이어서 조화를 이루고 있다. (95. 경남, 남해산)

자미성(紫微星)

잎은 중수엽성으로 진한 녹색이며 광택이 흐른다. 꽃색은 녹색이 진하여 자색이 어두워 보이는 홍자색이다. 끝이 둥근 꽃잎은 여유로움을 느끼게 하는 타원형으로 봉심도 단정하다. 설판은 흰 바탕에 붉은 점을 크게 눌러 점을 찍은 듯이 물들었고 뒤로 살짝 말려든 권설이 돋보인다. (92. 남해, 창선산)

C. 황화계(黃花系)

꽃색은 햇빛과 관계 되는 것으로 황색, 백색은 햇빛에 오래 노출되면 탈색되는 경우를 볼 수 있다. 때문에 발색하기가 어려우므로 성질을 잘 파악해야 한다.

특히 황화는 깨끗한 단색이어야 하는데 약간의 붉은 빛이 가미되어도 촌스러우며 순결한 느낌이 덜 하게 된다.

기쁨

  잎은 반입성(半立性) 광엽(廣葉)이며 진녹색으로 광택이 난다. 꽃잎은 개나리 꽃색으로 골고루 물들여 진황화로 한일자피기를 하였다. 주, 부판이 안으로 숙여든 모습이고 단정한 봉심과 넓은 권설에 붉은 점이 선명하다.

  시원하게 뻗은 꽃대와 맑은 포의가 어우러져 우수성을 자랑하듯 아름다운 명품이다. (2000. 전남, 화순산)

성황(聖黃)

잎은 중수엽성으로 광택이 난다.

화형은 대륜의 수선판으로 한일자피기를 하고 있다. 꽃대는 가늘게 높이 솟았고 단정한 봉심은 비두를 감싸 안았다. 깨끗한 순백의 설판은 살짝 말린 권설로 더욱 멋스럽고 포의(胞衣)마저도 잡색이 묻지 않고 순수하여 맑고 밝은 황화소심(黃花素心)의 예(藝)를 더하고 있다. (90. 부산, 철마산)

d. 소심계(素心系)

춘란의 기본 바탕이 녹색이므로 소심(素心)은 녹판(綠瓣), 녹봉(綠捧), 녹경(綠莖)에 백설(白舌)을 말한다.

뿐만 아니라 포의까지도 녹색이 아니면 백색이어야 한다.

화형을 중시한 중국춘란에서는 매화판에 소심(素心)이면 제일로 여기며 그 품위를 높이 평가하였다.

그래서 소(素)를 말하기를 순일무잡(純一無雜)하며 결정무오(潔淨無汚)하다고 한다.

한국춘란에 백일색의 순소심은 보기가 드물고 적화나 황화에 백설(白舌)이 있어 적화소심, 황화소심 등이 많다.

이들은 엄격히 말해 순소심(純素心)은 아니다.

정금소(正金素)

반입성의 잎은 담록색으로 윤기가 흐르며 탄력이 있어 더욱 강한 느낌을 준다. 소복한 여인을 닮은 꽃대는 생각을 멎게 할 만큼 늘씬하고 희고 가냘프다. 녹색이 비치는 듯한 꽃색이나 단정한 봉심, 그리고 순백의 원설이 어우러진 꽃의 균형은 일품이다. 거기에 소(素)를 더했으니 이예(二藝)를 자랑하고도 남음이 있는 명품이다. (02. 전남, 목포산)

소월(素月)

잎은 입엽성의 취록색으로 윤기가 있으며 세엽에 가까울 정도로 멋스럽다.

꽃 모양은 중국춘란 장하소를 닮아 끝이 둥글게 생겼다.

매화판을 닮았고 다소곳한 봉심을 보호라도 하듯이 주판이 살포시 꾸부려 안아 피기를 하는 취록색의 아름다운 난이다. 가늘고 긴 꽃대와 설판의 순백은 눈이 부실 정도로 희어서 주위의 푸른빛을 담고 있다. (98. 전남, 장성산)

무량소심(無量素心)

잎은 농록색의 중수엽으로 광택이 있다.

꽃잎은 넓고 둥글며 여유롭게 풍만한 대형으로 청청한 취록색이다. 반합배인 봉심은 단정하게 비두를 감싸고 있으며 녹태소의 설판은 뒤로 말려든 권설로서 감탄이 절로 나오는 귀품이다.

(03. 경남, 사천산)

e. 백화계(白花系)

백화는 주판과 부판 그리고 봉심까지도 백색이어야 백화라 할 수 있다.

백화는 소심과 달리 약간의 녹색이나 황색을 머금게 되어도 그 의미를 퇴색시킨다.

그러나 식물의 기초색이 녹색인 관계로 자세히 감상해보면 흰색이 바래면 황색으로 보이기 때문에 백록화(白綠花)나 백황화(白黃花)가 가끔 나타나게 된다.

따라서 순수 백화를 찾기는 참으로 어렵다.

꽃잎에 엽록소가 거의 없다는 느낌의 상태가 백화인 것이다.

가 람

반입엽성(半立葉性)인 잎은 진한 녹색으로 광택(光澤)이 있다. 백의민족(白衣民族)을 닮은것 같이 전체를 희게하고 솟아 오른 모습이 청초하다.

잡티가 조금도 보이지 않는 설백(雪白)의 꽃은 한일자피기를 하고 있다. 다소곳이 오므린 봉심은 수줍음을 표현이라도 하듯이 단정한 맵시다. 여유 있는 설판마저 뒤로 살짝 말려 전체가 돋보이는 명품백화이다. (전남, 함평산)

보백조(寶白鳥)

반입성의 잎은 억센 듯한 인상을 준다.

꽃잎은 전체가 백색이나 꽃잎 끝이 누른빛이 서려있어 한결 부드러운 감정을 느끼게 한다. 한일자피기를 하고 있으나 끝은 안으로 오므렸다.

설판도 흰색으로 둥글게 내밀은 원설(圓舌)이어서 전체적으로 균형잡힌 백화(白花)이다. (98. 전남, 보성산)

f. 색화계(色花系)

색화는 복색(複色), 복륜(覆輪), 적호(赤縞) 산반(散斑) 등으로 구분한다.

잎과 꽃이 같은 무늬여시 난꽃 중에서는 귀한 품종으로 평가 받는다.

색이 산발적이거나 색감이 멋대로가 아니고 주, 부판에 적절한 발현은 잎과 어우러져 그림을 그려 놓은 것 같은 찬사를 받는다.

송황(松煌)

잎은 가늘고 넓은 호(縞)의 화려함이 나타나고 있다.

가장자리에는 진한녹색의 복륜을 쓰고 있어 화려한 잎무늬를 자랑하고 있다. 꽃색도 화려한 얼룩무늬이며 푸른색의 복륜을 쓰고 있어 아름답다. 다소곳한 봉심과 함께 소심의 설판이 뒤로 말린 권설이고 수선판 모양의 꽃잎은 한일자피기를 하여 시원한 느낌을 주는 명화이다. (95. 경남, 사천산)

금사화(錦賜花)

잎 크기는 보통으로 입엽성이며 가장자리에 복륜이 약간 들어 있다. 꽃대는 높이 뻗어 우뚝하고 꽃은 대륜화로 한일자피기를 하고 있다.

꽃색은 황화인데 녹색이 조금 배어 있으며 봉심의 매무새가 단정하다. 소심인 백설은 뒤로 말려들어 전체적으로 화려한 느낌을 준다. (92. 경남, 남해산)

관창(官昌)

　보통 크기의 잎은 중수엽성으로 잎에는 유백색의 복륜이 둘러 선명하다. 꽃은 수선판 모양을 하고 있으나 부판이 아래로 처진 듯한 느낌이 아쉽다. 전체적으로 꽃잎 끝에 황색이 선명하게 물든 복륜화는 녹색과 조화를 이루고 있다. 봉심은 다소곳하여 붉은 점을 가진 혀와 어우러진 대륜화의 복륜이 한층 멋을 부리는 명화이다. (93. 전북, 고창산)

사대부(士大夫)

잎은 중수성으로 폭이 넓으며 광택이 나고 설백(雪白)의 복륜이 들어 담록과 조화롭다. 꽃잎은 진한녹색으로 붉은 화근이 기부에서부터 들었고 끝에는 백색으로 마감되어 복륜 무늬가 뚜렷하다. 한일자피기를 하고 있는 대륜화로 단정한 봉심이나 붉은 점이 선명한 권설이 더욱 조화롭다. (93. 경남, 진주산)

효광(曉光)

잎은 기부에서 잎 끝까지 산반(散斑)이 고르게 들어있다. 중수엽 성으로 두터운 편이며 광택이 있다.

꽃은 전체적으로 단정하게 안아피기를 하였다. 꽃잎 끝에 물들여진 황색 무늬는 멋을 더하고 봉심은 긴장미를 느끼게 한다. 넓게 내밀어 뒤로 말린 권설에는 붉은 점이 전체를 조화롭게 하여 화형을 보다 빼어나게 하는 자태를 자랑하는 명화이다.

(2000. 전남, 동강산)

예송(藝松)

녹색이 진한 잎은 반입형으로 기백있게 뻗어 있고 산반(散斑)이 오롯이 배어있다. 잎 폭도 넓어서 광택이 절로 매력이 되기도 한다.

흰색에 가까운 꽃대는 시원하게 뻗었으며 꽃잎이 둥글고 넓은 대륜화이다. 주판, 부판, 봉심 모두가 녹색 바탕에 끝이 황색무늬가 있고 부판이 옆으로 뻗어 안아피기를 한 모습이 더없이 아름다운 산반화이다. (96. 전라남도 산)

g. 기화계(奇花系)

화형이 정상적인 꽃보다 다르게 특이한 형태로 꽃을 피우는 것을 말한다.

그 모양은 여러 가지로 주판과 부판의 형태만 기형인 것이 아니고 봉심과 설판 등도 일반적인 꽃모양 보다 다르며 색상도 달라 특이한 변이(變異)의 느낌을 주는 꽃들이다.

가무(歌舞)

잎은 진한 녹색으로 수엽성의 중엽(中葉)이다.

꽃잎은 여러 겹으로 하늘을 향해 피고 있다.

꽃잎 끝에는 녹색이 비집고 나오는 듯 녹색이 묻은 밝은 황색의 기형화이다. 꽃잎의 기부에는 붉은 색이 자리하고 있어 조화를 이루고 있다. (97. 전남, 장성산)

귀빈(貴賓)

잎은 청록색으로 중수엽의 보통 크기로 광택이 있다.

꽃은 중국춘란의 진접과 비슷한 형태로 부판이 절반 가까이 설화(舌化) 되면서 뒤로 말려있어 멋스럽다.

봉심과 주판이 한데 겹으로 포개어 피고 기부는 붉게 물들여 있다. 설판은 흰 바탕에 붉은 점이 서려 뒤로 말린 권설이다.

(95. 충남, 안면산)

h. 원판화계

원춘향(圓春香)

잎은 반입성으로 보통 크기의 휘어진 멋을 가지고 있다. 꽃잎은 넓고 둥근 모양을 하고 있으나 길이가 짧아 앙증맞은 느낌을 준다. 녹색 바탕에 황색 줄이 엷게 퍼지면서 더욱 조화와 멋을 부려 꽃을 돋보이게 한다. 넓은 혀의 흰색 바탕에 스쳐 지나가듯 엷은 점이 양쪽으로 희미하게 서려 전체적인 자태는 매우 아름답다.

(96. 경남, 밀양산)

선염(仙灩)

잎은 진한 녹색으로 중입성이며 윤기가 흐르고 거치는 억세며 강인한 인상을 준다. 꽃대는 튼튼하게 솟아있다.

꽃잎은 하나하나가 둥글게 모아둔 것 같은 형태로 원을 그린 듯 피어 단정한 모습이다. 꽃색은 녹색 바탕에 황색이 섞인 듯한 느낌으로 조화롭다. 흰색 바탕의 대권설에는 끝이 붉게 물들어 멋을 더해준다. (91. 전남, 장성산)

I. 색설화(色舌花)

단설(丹舌)

잎은 진한 녹색으로 수엽성이며 광택이 난다.

붉은 꽃대는 훤칠하게 솟아 고고한 듯하다. 꽃잎은 개성있게 생겨서 아리랑을 추는 여인을 그린 듯 끝이 부드럽다.

취록색의 바탕에 붉은 화근이 기부에서부터 들어있다.

특히나 봉심은 비두를 감싸지 못하고 나란히 고개 들어 웃는 모습이고 붉은 혀는 턱받이를 한 듯한 밝은 표정이 인상적이다.

(90. 전북, 고창산)

설이(舌異)

보통 크기의 잎은 중수엽성으로 진한녹색이다.

꽃대는 붉은 색을 띠고 뻗었고 꽃잎은 가냘프고 폭이 좁게 한 일자로 피었으며 끝은 오므렸다.

주판, 부판 모두 녹색 바탕에 붉은 화근이 들어 검붉게 나타나고 꽃잎의 기부에는 엷은 황색이 서려 밝게 보인다. 길쭉한 꽃잎에 비해 폭넓은 혀는 전체를 붉게 물들여 강한 인상을 안겨준다.

(98. 전남, 장성산)

무명(미등록, 적황색)

엷은 황색의 꽃으로 숙여서 피고 봉심은 약간 벌어진듯하나 주판이 숙여 있어 멋있는 모양을 한다.

봉심 근부의 양쪽에는 붉은 색이 묻어 있으며 부판은 한일자피기를 하고 있다. 백설판에 붉은 점이 있고 뒤로 말렸다.

잎은 수엽(垂葉)으로 늘어진 모습이 한결 멋스러워 돋보이는 난이다. (08. 전북 고창산)

B. 엽예품(葉藝品, 잎무늬종)

난잎에 여러 가지 색상의 변화가 나타나 잎에 무늬를 이루는 품종을 엽예품 또는 잎무늬종이라 말한다.

그 종류는 갓줄무늬잎(覆輪斑葉), 속줄무늬잎(縞斑葉), 그물무늬(蛇皮斑), 얼룩무늬(虎斑) 등으로 구분하고 있다.

a. 갓줄무늬잎(覆輪斑葉)

난 잎의 가장자리에 황색이나 백색의 테를 두른 듯한 무늬가 들어있는 모양을 말하는 것으로 중국춘란의 부수춘과 같은 잎을 말한다.

무늬가 크게 들은 것을 대복륜(大覆輪)이라 하고 잎 끝에만 조금 들은 것을 조복륜(爪覆輪)이라 하며 색상에 따라 황복륜(黃覆輪), 백복균(白覆輪)이라 부르기도 한다.

금란부(金蘭溥)

 광엽에 깊게 두른 백황색의 복륜이 혜(蕙)를 방불하게 하는 힘이 넘치는 대표적인 품종이다.
 잎끝은 무늬가 넓었다가 기부로 갈수록 약해지는 축입성으로 우수한 품종의 복륜호이다. (90. 전남, 광주산)

b. 속줄무늬잎(縞斑葉)

녹색 잎 가운데 황색 또는 백색이 밑둥에서 잎 끝까지 무늬가 들어 있는 것을 말한다.

무늬 폭이 좁고 넓은 것에 따라 중투호(中透縞), 중압호(中押縞), 반호(斑縞), 산반호(散斑縞) 등으로 구분한다.

반드시 꽃에도 무늬가 들어야만 명품이 될 수 있다. 색상이 진하고 약함에 따라 감상의 느낌이 다를 수 있는 잎 무늬 품종으로 사계절을 감상할 수 있어 좋은 품종으로 대접받는다.

달 빛

황색 무늬가 아름다운 중수엽성의 잎으로 잎마다 고르게 무늬가 들어있다.

그림을 그려 놓은 듯한 밝은 색상과 함께 가장자리의 녹색이 좁아서 아쉬움을 남긴다.

맑은 황색과 큰 포기가 어우러져 균형을 이루어 중투호의 멋을 더해준다. (95. 전남, 영광산)

금정송(金井松)

잎이 두텁고 수엽성의 성질을 가졌다.

윤기가 흐르며 가늘고 섬세하게 산반(散斑)이 들었다.

또 일부에서는 호(縞)가 들어 조화를 이루고 있다.

백황색으로 발현된 무늬가 점차로 황색이 강해지는 품종으로 색감이 출중하다. (93. 전남 장성산)

C. 그물무늬잎(蛇皮斑葉)

잎의 무늬가 뱀가죽 같다고 하여 사피(蛇皮) 또는 그물모양 같다하여 그물무늬라 한다.

녹색의 잎에 황색의 반점이 크게 나타나고 그 황색 반점위에 녹색의 작은 점들이 산재해 있는 상태를 말한다.

종류에 따라 잎 전체에 무늬가 잘 나타난 것도 있고 그렇지 못한 품종도 있어 다양한 종류의 무늬를 감상할 수가 있다.

여의주(如意珠)

넓은 잎에 중수엽성의 엽자(葉姿)는 윤기가 있다.

여린 황색 바탕에 푸른점이 선명한 그물무늬(蛇皮)는 훌륭한 무늬품종이다.

대체로 새싹은 유백색으로 시작되어 차츰 녹색이 들면서 함께 무늬가 나타나는 것이 보통이다. (84. 경남, 고성산)

d. 얼룩무늬 잎(虎斑葉)

녹색의 잎에 황색이 호랑이 가죽무늬 같이 얼룩지게 나타낸다 하여 호반(虎斑) 또는 얼룩무늬라 불려진다.

무늬에 따라 절반(切斑)과 도(圖)라는 호칭을 사용하기도 한다.

형태에 따라 감상의 범위를 넓히고 있으나 잎에 병이 든 것 같은 착각이 일어날 수도 있는 잎 무늬 종이라 할 수 있다.

일본(日本)에서는 매우 선호하는 품종으로 한때 대단한 인기를 누리기도 했다.

색 동

잎은 두텁고 중수엽성으로 엽자가 빼어난 품종이다.

농녹색 바탕에 단절반(段切斑)과 대절반(大切斑)이 섞여 노랑 물감으로 색칠을 한 듯 황색과 녹색이 조화를 이루는 얼룩무늬 난으로 잎폭은 넓고 두터운 편이며 광택이 흐르는 명품이다.

(96. 경남, 밀양산)

중양(重陽)

반입성 잎은 윤기가 있고 기부에서부터 황색의 서반(曙斑)이 나타나는 서호반(曙虎斑)의 난이다.

무늬가 희미하거나 지나치면 잎에 기가 빠지는 느낌이 들기도 한다. 중앙은 무늬가 선명하여 감상의 흥을 돋우어 주는 명품이다.

(2000. 전남, 옥과산)

e. 짧은잎(短葉)

일반적으로 난잎의 길이가 200~300mm인 것이 보통이다.

반하여 단엽은 50mm 내외로 짧고 빳빳하여 앙증맞은 느낌을 주기도 한다.

잎이 두텁고 강한 인상을 풍기며 잎 표면이 거칠고 나사지(羅紗地) 모양으로 된 것이 대표 품종이다.

광엽이면서 잎 끝이 둥근 품종도 있고 잎 무늬가 있는 단엽 종류는 매우 귀하게 여겨지고 있다.

별명으로는 짤막이, 일본에서는 땅딸보라는 뜻으로 짜보라고 부른다.

신라리안

잎폭이 혜란같이 넓고 풍만하며 두터운 중엽성이다.

나사지(羅紗地)가 잘 발달된 무광택의 잎으로 짙은 녹색은 단엽 특유의 강직성의 자태를 갖춘 난이다. (2000. 경북, 대구근교)

④ 일본춘란(日本春蘭)

일본춘란도 한국춘란과 마찬가지로 향(香)이 없는 관계로 꽃의 색과 잎의 무늬를 중심으로 명품을 개발하였다. 화형을 문제 삼지 않으며 오직 잎과 화색의 오묘한 변화에 관심을 기울였다. 색화를 화물(花物, 하나모노), 잎 무늬를 병물(柄物, 가라모노)이라고 일본에서는 부르고 있다.

일본은 홋카이도(北海道)를 제외한 전국에 춘란이 자생한다. 해발 800m 이하인 산야에 소나무, 가죽나무 밑에서 자생하고 있다고 기록하고 있다.

일본은 자생춘란의 채취가 쇼와(昭和) 초기인 1920년대부터 이루어져서 오랜 세월동안 배양하고 분류되어 왔다. 그러나 처음에는 잎무늬(柄物)종 특히 호반(虎斑)에만 관심을 집중하였고 차차 발전하여 오늘날의 잎무늬 품종의 체계를 세웠다.

색화의 개발은 훨씬 후에 이루어졌다.

현재 애호가가 보유하고 있는 색화(花物)나 잎무늬 품종(柄物)의 명품들이 자생지에서 간단하게 발견된 것이 아니고 많은 어려움을 극복하며 배양의 기술을 개발하여 오늘에 이르렀다고 한다.

일본춘란은 한국춘란과 그 배경이 동일하여 화색(花色)과 엽반(葉斑)에 대한 설명은 생략하고 명품 몇 점만을 설명하고자 한다.

A. 화예품(花藝品, 花物)

a. 적화계(赤花系)

광림(光琳, 고우린)

진록색 잎은 광택이 강하며 중수(中垂)가 특징으로 곡선이 아름답다. 꽃은 진황색(朱金色)으로 한일자로 핀다. 일본춘란의 대표적인 하화판으로 가장자리에 녹색이 약간 남아있는 듯하다. 봉심은 살짝 벌어지고 혀는 크고 뒤로 말려있으며 백색바탕에 붉은 점이 산재해 있다. 때로는 적황색(朱橙色)으로 피기도 한다.

(1956년 치바현(千葉縣)에서 발견)

동원(東源, 토겐)

주홍색이 매혹적인 대형의 한일자피기를 하는 꽃으로 혀는 크고 붉은 점이 있는 명화이다.

잎은 암록의 대수(大垂)로 새잎은 감복륜(紺覆輪)에 연두색(맹황색, 萌黃色)의 중압(中押)을 나타내는 경우도 있다.

(1954년에 이바라키현(茨城縣)에서 발견)

홍양(紅陽, 코요)

선명한 오랜지색이 아름다운 꽃으로 때로는 담홍색으로 피기도 하며 꽃잎에 붉은 힘줄이 들어있다. 수선판의 한일자피기를 하는 꽃으로 장원형의 대륜화이다. 꽃대는 백색에 붉은 색이 들어있고 꽃대가 길게 신장되는 특징이 있다.

잎은 엷은 황색에 가까운 녹색으로 중수성(中垂性)의 반입이고 새잎에 파수(派手)나 서호(曙虎)가 나타나기도 한다.

(1954년 이바라키현(茨城縣) 채취)

도원향(桃源香, 토겐코)

꽃잎은 두텁고 대륜화로 황홍색(橙紅色)에 진한 붉은 색의 힘줄이 들어 있다. 화판에 선이 살짝 남아있으며 봉심은 껴안은 상태이고, 혀는 백황색에 붉은 점이 있으며 크게 뒤로 말려 있다. 꽃대는 높이 자라지 않아 잎 사이에 묻혀 있는 것이 아쉽다. 잎은 폭이 넓고 크게 자라며 어두운 녹색 바탕으로 반수엽의 중수성이다.

(1933년 나가노현(長野縣) 발견)

만수(萬壽, 만쥬)

꽃은 아름다운 농록색으로 긴 원형판이며 한일자에 가깝게 피는 화판이다. 녹색이 조금 서려 있는 듯한 느낌으로 발색하는 품종이다. 적화계의 가장 우수한 꽃이다.

잎은 어두운 녹색이 강한 중수성으로 성질이 좋은 편이며 출아할 때는 푸르게 나오며 재배가 용이한 인기 품종이다.

(1964년 후쿠시마현(福島縣) 발견)

b. 자화계(紫花系)

천자황(天紫晃, 텐시코)

어두운 녹색 바탕으로 광택이 흐르는 대엽의 반수성 잎이다.
꽃은 긴 원형으로 적자색에 한일자피기를 하는 대륜화이다.
봉심은 안아피고 꽃대는 홍색으로 길게 신장된다. 자화의 개척을 알려준 오래된 명화이다. (1964년 나가노현(長野縣)에서 발견)

흑목단(黑牡丹, 쿠로보단)

잎은 대엽으로 어두운 녹색이며 반수성으로 광택이 흐른다.

꽃잎은 광택이 강한 검정이 들어있는 자색화로 안쪽은 엷은 녹색, 외측은 검은색이 물들어 있는 꽃이다.

한일자피기를 하며 꽃대는 백색으로 꽃과 조화를 이루고 있어 감상에 흥미를 더 한다. (1946년 이바라키현(茨城縣)에서 발견)

자보(紫寶, 시호)

잎은 암녹색의 광택이 강한 소형의 중수엽으로 잎이 두터우며 아담한 자세의 소품이다.

포의, 화판 모두가 진한 적자색으로 하화판의 사랑받는 꽃이다. 꽃대는 굵고 짧아서 지면 가까이서 피는 경우가 많아 아쉬움을 남긴다. (1960년 나가노현(長野縣) 산채)

c. 황화계

월광(月光, 겟코)

꽃잎 가장자리에 녹색이 서려있고 설판은 크나 작고 붉은 점이 산재해 있다. 꽃대는 백색이고 봉심은 안아피기를 하는 대륜으로 한일자피기를 하였다. 후발성 황화로 울금색(橙色)을 함유하고 있다.

청색으로 출아한 잎은 자라서는 암록색 바탕에 황호(黃縞)가 들어간다. 폭이 넓고 두터우며 꼿꼿한 직입성을 가지고 있어 호평을 받고 있다. (1953년 이바라키현(茨城縣)에서 발견)

복의광(福之光, 후쿠노히카리)

꽃은 적황색(주등색, 朱橙色)으로 한일자피기를 한다. 봉심은 합배를 하였고 주판은 앞으로 숙여져 아름다움을 더한다. 꽃대는 청백색에 붉은 색이 그려진듯 하다.

잎은 짙은 녹색이며 크기는 중엽의 중수성(中垂性)이다. 성질이 강건하여 번식이 잘되며 꽃과 잎이 잘 어우러져 인기가 높은 난으로 마즈무라겐조(松村謙三) 씨가 명명하였다.

(1943년 토야마현(富山縣) 발견)

d. 호화계

대홍(大虹, 오오니지)

선명한 녹색 바탕에 진황색의 긴 원판에는 주, 홍, 황 등의 색이 복잡하여 혼란스러운 느낌을 주기도 한다. 설판은 강하게 말렸고 작은 붉은점이 있다. 꽃대는 길게 자라 잎 위로 솟아올랐다.
 잎은 암록색에 대엽성으로 신아에는 백황호가 들어 있으나 나중에는 어둡게 된다. 일본에서는 고금의 명화로 명성이 높은 꽃이다. (1931년 나가노현(長野縣)에서 발견)

천홍향(天紅香, 덴고고우)

꽃은 주홍색(朱紅色)으로 주, 부판은 길고 아름다운 대형이다. 한일자피기를 하며 부판 가운데에 홍색의 화근이 들어있는 것이 특징이다. 꽃대는 푸르나 포의는 청백색으로 꽃색과 잘 어우러진다. 설판에는 붉은 반점이 있고 뒤로 말려든 모양이 다른 난과 비슷하다. (1940년 사이다마현(埼玉縣))

도산금(桃山錦, 모모야마니시키)

화판은 녹색 바탕에 홍등색(紅橙色)이 가늘게 들어 밝은 느낌이며 삼각피기를 하는 아름다운 꽃이다.

꽃대는 굵고 백축(白軸)에 가깝다.

잎은 보통으로 반수성이며 꽃과 멋진 균형을 이룬 아름다운 꽃이다. (이바라키현(茨城縣)에서 발견)

e. 중투호화계(中透縞花系)

국취(菊翠, 키쿠스이)

꽃은 옅은 녹색 바탕에 백황색이 들었고 기부 쪽에는 붉은색이 희미하게 묻어있는 호화이다. 봉심은 합배를 하고 한일자피기를 하며 주판은 숙여있고 포의에는 붉은 줄이 있다.

잎의 자태는 녹색 바탕에 백황색의 호반(縞斑)이 들어있으며 중입성이다. (1935년 이바라키현(茨城縣)에서 발견)

f. 복륜화계(覆輪花系)

일륜(日輪, 니치린)

황록색 바탕에 주홍색의 복륜이 깊게 들어있으며 한일자피기를 한다. 봉심은 안아피기를 하고 설판은 붉은 점이 조금도 없는 순백의 명화이다.

잎은 두텁고 크며 중수성으로 광택이 흐르고 새싹에는 엷은 백조(白爪)를 두르고 있다. (1952년 이바라키현(茨城縣)에서 발견)

월륜(月輪, 게쯔린)

　진황색(주금색, 朱金色) 바탕에 청색의 복륜을 두른 엽예(葉藝)이다. 황록색 바탕에 적색의 복륜을 두른 일륜(日輪)과 대조를 이룬다. 꽃잎의 끝이 둥근 느낌이 있고 설판은 흰 바탕에 붉은 점이 있는 매혹적인 명화다.

　잎은 얇은 평엽(平葉)으로 반수성이며 소품이다.

(1964년에 이바라키현(茨城縣)에서 발견)

설월화(雪月花, 세쯔게쯔카)

녹색 바탕에 아름다운 백색과 황색의 복륜을 깊게 두른 하화판이며 낙견으로 피는 난이다. 화육(花肉)은 두텁고 안아피기를 하며 꽃대는 신장되어 고상하고 우아한 느낌을 주는 난이다. 설판은 뒤로 말리고 맑은 색으로 깨끗한 느낌이다.

잎은 가늘고 광택이 강하며 암록색 바탕에 중수성으로 백조(白爪)의 복륜이 들어있다. (20세기 초 나가사키현(長崎縣)에서 발견)

g. 기종(奇種)

경파(鯨波, 가키도키)

잎은 암록색 바탕이며 대엽성으로 광택이 있다.

꽃잎은 주, 부판 모두가 퇴화한 팔중(八重)피기를 하는 꽃이다. 혀는 5~8장의 중복되는 대륜화로 목단피기 중의 최고의 명화이다.

(1932년에 나가노현(長野縣)에서 발견)

국수(菊水, 키쿠스이)

녹색의 꽃잎은 6~7장이나 되며 봉심에 비두도 변화를 볼 수 있는 모란피기를 한다. 꽃대는 희고 길어서 잎 위로 신장되는 것이 특이하다.

잎은 암록 바탕의 중간 크기로 중립성으로 유연하다.

일본사람들은 「꿈의 꽃」이라 부르기도 한다.

(1962년에 이바라키현(茨城縣)에서 발견)

B 엽예품(柄物, 가라모노)

a. 호반계(虎斑系)

수문산(守門山, 스몬잔)

암록바탕에 황색의 대호반(大虎斑)을 나타내는 난으로 엽육은 두껍고 강하며 옆으로 자란다. 출아할 때는 자색으로 나온다. 호반의 아름다운 무늬가 이 한곳에 모두 모인 듯한 느낌을 주는 호반계의 왕이라 할 정도의 대표적인 명품이다.

(1933년 니이가타현(新潟縣) 발견)

정관(靜觀, 세이칸)

광택이 있는 녹색 바탕에 황호(黃虎)가 물들어 있는 잎이나 청색의 복륜으로 보이기 쉬운 이예품(二藝品)이다. 대엽으로 엽육은 두텁고 잎폭은 넓으며 중립성이며 새싹은 푸르게 나온다.

(1942년에 후쿠시마현(福島縣)에서 발견)

b. 사피계(蛇皮系)

수문룡(守門龍, 스몬류)

잎의 가운데 황색으로 대서호(大曙虎)를 이루는 반면 가늘고 어두운 녹색의 점을 뿌려 놓은 듯한 잎이다.

폭이 넓은 대수성으로 한껏 멋스럽다. 출아할 때는 황반(黃斑)이 선명하여 다른 곳에서는 볼 수가 없는 명품이다.

(니이가타현(新潟縣)에서 발견)

금파(錦波, 킨파)

　백황색의 사피반(蛇皮斑)이 잎 가운데 들어있으며 잎은 두텁고 대엽이며 반수성이다.

　출아(出芽)때 백반(白斑)무늬가 뛰어나게 아름다우며 자라서는 녹색의 거치가 거친 것이 특징이다. 번식도 잘되는 품종이다.

(1965년에 치바현(千葉縣)에서 발견)

C. 중투계(中透, 縞系)

대설령(大雪嶺, 다이세쯔레이)

잎은 암녹색 바탕에 흰눈 같은 백색의 중압호(中押縞)가 특이하다. 엽육은 두텁고 폭이 넓은 대엽의 중수성으로 기품이 높고 호쾌한 자세는 인기가 많은 중투계의 최고 품종이다.

(1965년에 카가와현(香川縣)에서 발견)

D. 복륜계(覆輪系)

제관(帝冠, 테이간)

강한 암록색 바탕에 백황색의 복륜이 든 대엽이다. 광택이 있고 엽육은 두터우며 웅대한 자태는 중립성이다. 꽃잎은 두텁고 백색 복륜이 깊게 들었으며 한일자로 핀다. 꽃대는 홍색을 띠었고 성질이 좋아 번식이 잘 되는 품종이다.

(20세기 말엽 나가노현(長野縣)에서 발견)

⑤ 대만춘란(臺灣春蘭)

대만은 아열대 지방의 특성에 맞게 해발 1000m 이상 되는 고산지대에서 난이 자생하고 있음을 볼 수 있다.

중국춘란은 녹색 잎과 녹색 꽃에 향이 있는 것이 특징이다.

한국춘란과 일본춘란은 향기가 없고 화려한 꽃색과 잎 무늬가 특이한 것이 중심을 이루고 있다.

대만춘란은 다양한 종류가 없는 반면에 꽃에 색상도 있고 향도 은은하며 화판이 큰 것이 특징이라 할 수 있다.

대만춘란은 성질이 강하여 기르기 쉬우나 여름에는 서늘하게 관리해야 한다는 것을 유념하여야 한다.

꽃잎의 색상은 다양한 편이다. 요염하고 우아한 도화(桃花)는 도색이 살짝 물들고 붉은 힘줄이 곁들여져서 아름답고 은은한 향이 일품이다. 백화의 청초함은 춘란 제일의 맑은 색인 소심으로 꼽히고 있다.

모수(莫愁)라고 하는 명품은 꽃대가 붉은 색으로 시원스럽게 솟아오르고 우유빛 엷은 황색의 꽃을 피우는 진귀한 품종이다.

사란(絲蘭)

이름과 같이 잎이 가늘고 길게 자라 돋보인다.

소위 문인란(文人蘭)의 최고로 꼽히기도 하는 사란은 많은 종류가 있다. 꽃에 녹색이 녹아 있는 듯한 느낌의 유색화도 있다. 향이 있는 명란으로 고산지방에서 자생한다.

화판은 연한 녹색으로 붉은 줄무늬가 들어 있으며 색상이 다양하여 백화사란(白花絲蘭)을 비롯하여 도화(桃花), 황화(黃花), 적화(赤花) 등이 있다.

사란백화(絲蘭白花)

꽃잎이 크고 엷은 황색을 머금은 듯한 소심의 백화는 춘란에서는 가장 백색에 가까운 맑은 색채를 가졌다.

설판은 권설로 순백이며 춘란 중에 가장 먼저 핀다. 청향은 마음을 사로잡으나 대락견으로 피는 것이 조금 불만스럽다. 잎 폭은 좁고 가늘어 뿌리는 잎에 비해 수분을 적게 흡수한다. 더위에 약한 것이 흠이다.

비아남란(鼻亞南蘭)

 잎이 거칠어 강인해 보이나 엽육이 얇고 광택이 없는 녹색이다. 억새풀 같은 느낌을 주어 고운 맛이 적으나 꽃은 대형이다. 향이 맑으며 일경에 2~3개 꽃을 달고 담록화(淡綠花)로 핀다. 때로는 잎에 복륜(覆輪), 호(縞) 등이 보이는 무늬종도 있다. 꽃잎이 크며 유백색의 투명한 백화를 비롯하여 도화, 홍화, 경사화 등 여러 색상이 있다. 설판에는 붉은 점이 산재해있다.

오봉(吳鳳)

잎은 사란계 중에서는 엽육이 두터운 편이며 짙은 녹색 바탕의 나사지(羅紗地) 느낌으로 입엽성의 강한 느낌을 준다.

화판은 도홍계(桃紅系)의 사란으로 꽃잎은 끝이 약간 뒤틀림을 한 느낌이고 흰색 바탕에도 색이 뚜렷하다.

설판은 백색에 선명한 붉은 점이 산재하여 이채롭다.

모수(莫愁)

사란 종류는 잎이 가는 것이 특징이나 모수는 일반 춘란잎과 비슷하다. 여자 이름을 딴 모수(莫愁)는 한란과 비슷하게 죽엽성(竹葉性)으로 삼각피기를 한다. 꽃은 도화나 소심이든 맑은 색채를 가지고 있고 설판에는 붉은 점이 있으며 뒤로 말린 권설이다. 꽃색은 우유빛 나는 황화로 붉은 꽃대를 한 진귀한 품종이다. 추위와 강광(强光)에 저항력이 부족하여 재배하기가 까다롭다.

2) 한란감상(寒蘭鑑賞)

한란은 우리나라 제주도를 비롯하여 중국은 남부지방, 일본은 동남부지방에 분포되어 자생하고 있다. 지역에 따라 개성의 차이가 있긴 하지만 다양하고 우수한 한란은 역시 일본한란이라 할 수 있다.

우리나라 한란은 제주도에서만 볼 수 있는 난으로 우수품종이 많았으나 일본 강점기 때 이미 좋은 품종들은 남획 반출되었다고 추측된다. 제주한란은 천연기념물로 지정하여 보호받고 있으며 백(白), 자(紫), 청(靑), 홍(紅)의 꽃색들이 있다. 거제 고 김기용 선생께서 백화의 한란을 재배하였다는 전언은 있으나 직접 난을 보지는 못했다.

춘란의 감상 기준이 화형(花形)에 있다고 하면 한란의 기준은 화색(花色)이라 할 수 있다. 물론 화형도 중요한 부분이기는 하지만 감상의 초점은 역시 색에 있다고 할 수 있다.

일경다화(一莖多花)인 한란은 꽃대가 잎 위로 쭉 뻗어 사방으로 매달린 네다섯 송이에서 많게는 십여 개의 꽃송이가 피어나는 데 참으로 아름답다. 광택이 흐르는 잎은 유연한 곡선을 이루고 청아한 향기와 우아한 자태와 세련미가 어우러져서 멋과 고고함을 그지없이 드러낸다.

한란 꽃의 색은 소심(素心)과 홍화(紅花) 그리고 도화(桃花)를 으뜸이라 말할 수 있는데 특히 도화는 춘란에서도 찾아볼 수 없는 귀한 색상으로 생각된다.

한란에서 화형은 춘란과 같이 절대적인 명품요건은 아니다. 다만 금상첨화일 뿐이다. 화색이 우수할 때 화형과 설점 등이 모두 좋으면 명품 대접을 받는 것은 사실이다. 그렇다고 화형이 나쁘다하여 화색의 가치를 인정 못 받는 것은 아니다.

주판, 부판이 삼각화형에 봉심이 다소곳이 모아져 앞으로 숙여 있으면 표준형으로 좋은 화형이라 할 수 있다. 다음은 평견, 낙견, 절학, 비견, 봉심이 뒤로 젖혀진 만세형과 주 부판과 봉심 모두가 뒤로 젖혀진 반전형도 있다.

한란의 설판은 혀가 가볍게 밑으로 말리는 권설로 붉은 점이 산재한 것이 일반적인 형태이다. 설판에 점이 없이 깨끗한 것을 순판무염(脣瓣無染)이라 하여 귀하게 평가한다. 만일에 백화나 청청화(靑靑花)가 소설(素舌)이면 소심란(素心蘭)이 된다. 또 설판의 볼에 물이 들어있고 설판에는 점이 없는 것을 무설점(無舌点)이라 부른다. 도시소(桃腮素)라 말하는 사람도 있으나 이는 백화나 청화일 때에만 통용되는 말인 것 같다.

꽃대와 꽃이 달린 간격도 중요한 감상의 대상이 되는데 꽃대가 가는 것을 등심간(燈心幹)이라 하여 칭송한다. 굵은 것을 목간(木幹)이라 하여 멋이 적은 것으로 여긴다.

꽃과 꽃의 간격도 오밀조밀하게 달린 것보다는 여유 있게 적당한 모습과 정돈된 분위기를 나타내는 것이 좋으며 꽃이 한쪽 방향으로 피는 것보다는 사방으로 피는 것을 더 좋아하고 높이 평가한다.

한란도 춘란과 마찬가지로 소심이 귀하게 여긴다. 소심은 꽃은 물론 꽃대, 자방 모두가 유백(乳白), 순백(純白) 또는 녹일색(綠一色)이어야한다. 물론 설판에도 다른 색이 묻어 있지 않은 순수 백색이라야 한다.

일본 한란의 명명(命名) 1호는 토사칸란(土佐寒蘭)의 토사히메(土

佐姬)이다. 꽃은 녹백(綠白)의 백화로 가는 꽃대와 적당한 화간은 높은 품위의 꽃으로 대접 받는다. 그리고 명명 2호인 하쿠호(白鳳)를 비롯하여 토엔(桃苑), 부료(武陵), 킨시(金鵄)가 발견 되면서 한란 색화 시대를 열어 왔다.

특히 니시타니산(西谷産) 호세쯔(豊雪)는 일본한란 중에서도 소심의 걸작품으로 꼽힌다.

유백색으로 광택이 흐르고 한일자피기에 가까운 평견으로 꽃봉오리 일때는 황색이 살짝 들어 백황색이나 꽃이 피면서 순백이 되는 명화이다.

색화는 재배방법에 따라 발색이 크게 영향을 받게 되므로 발색은 일광, 온도, 회분(灰分)의 영향이 크다고 알려져 있다.

일본은 1970년대에 한란의 붐을 이루었으며 20여 개의 한란애호단체가 있어 등록된 한란만 해도 4000여 종에 이르고 있다고 한다.

풍염(豊艶, 한국한란 홍화)

잎은 수려하고 중수성(中垂性)으로 윤기가 흐른다.

높이 솟은 꽃대는 녹색에 자색을 섞은 듯하고 화간은 적당하다. 사방으로 매달린 예닐곱 송이의 꽃은 감상하기 좋다.

설판은 황색바탕에 붉은 점이 산재해 있고 뒤로 약간 말려들었다. 유연하게 곡선을 그리는 잎과 요염한 꽃이 어우러진 자태는 고고함이 그지없어 제주 한란의 멋을 한층 더 돋보이게 한다.

(제주산)

추광(秋光, 한국한란 자화)

잎은 중수성으로 광택이 있다. 선명한 자색으로 한일자피기를 하며 꽃잎은 좁고 길게 옆으로 뻗은 꽃이다. 주, 부판과 봉심의 화색이 같은 색이나 역광으로 보면 검은색으로 보여 어둡기도 하다. 설판은 황색 바탕에 자색점이 옆으로 그어 놓은듯 산재해 있고 꽃대는 녹색이 짙게 나타나 있다. 꽃과 꽃의 간격도 여유가 있어 전체적으로 좋은 분위기를 풍기는 명화이다. (제주산)

무명(미등록, 한국한란 청화)

　잎은 폭이 좁고 진한 녹색이며 중수성으로 강인하게 느껴진다.

　꽃은 진한 청색으로 한일자피기를 하는 화형으로 크기는 비교적 적당한 편이다.

　설판은 황색바탕에 자주색 점이 산재해 있으며 끝은 뒤로 말려 핀다. 꽃대, 자방, 꽃잎 모두가 청색으로 녹색의 잎과 잘 어울려 관상하기 좋은 명화이다. (제주산. 경파 소장)

한빈(한국한란 경사화(更紗花))

맑은 녹색 바탕에 자갈색의 화근이 가늘게 들어 있는 아름다운 꽃이다. 한일자 피기를 한다. 설판은 대포설로 앞으로 드리워져 있으며 엷은 자색점이 산재해 있다. 꽃대는 녹색으로 굵직하나 꽃과 꽃 사이가 여유가 없이 붙어 있는 것이 아쉽다. 잎은 짙은 녹색으로 두터우며 늘어진 모습이 더 한층 돋보이게 한다. (제주산)

무명(미등록, 한국한란 무설점(無舌点))

　삼각피기를 하는 청화의 한란으로 설판의 기부 양쪽 볼에 자주색이 조금 물들어 있어 도시소(桃腮素)라고 할 수도 있으나 그렇지 않고 무설점이라 한다.

　설판은 뒤로 말려 있고 꽃대는 푸른색이나 자방은 자주색이다. 다른 한란에 비해 잎은 진한 녹색이며 반입성으로 위로 뻗은 모양이 남성미를 상징하듯 기상이 늠늠해 많은 사랑을 받는 청 한란이다. (제주산. 경파소장)

실호금(室戸錦 무로토니시키, 일본한란 홍화)

일본 도사한란으로 다섯 꽃잎 모두가 자색을 함유한 진홍색으로 한일자피기를 하는 꽃잎이 홍화의 대표적인 명화로 불린다. 설판은 진황색에 점이 없으며 꽃대는 보통으로 높이 솟아 멋스럽고 꽃의 간격도 적당하여 감상하기 좋다. 잎은 광택이 나는 진한 녹색으로 끝이 뾰족하다. (일본 土佐産)

무릉(武陵 부료, 일본한란 도화)

꽃색은 복숭아 꽃색으로 주, 부판은 붉은 복숭아꽃, 봉심은 엷은 복숭아 꽃색으로 아름다우며 일본 도사간란 중 도화의 대표적인 한란이다. 설판은 엷은 황색에 붉은 점이 들어 있다. 잎은 연한 녹색이며 반수성으로 재배에 따라 다소변화가 있으며 넓은 것과 좁은 것으로 구분하는데 넓은 잎은 반수성, 좁은 잎은 중입성으로 녹색이 엷다. (일본 土佐産)

풍설(豊雪 호세쯔, 일본한란 소심)

일본한란 중에서도 소심의 걸작으로 꼽히며 유백색으로 한일자 피기를 한다. 꽃봉오리 일 때는 황색이 들어 백황색을 나타내다가 꽃이 피어서는 순백색이 되는 명화로 대륜화이다. 설판은 뒤로 말려드는 권설이며 화판, 화경, 화설 모두 순백의 같은 색이다. 잎은 두터우며 중립성으로 꽃과 잘 어우러지는 최고의 명화이다. (일본 土佐産)

3) 혜란감상(蕙蘭鑑賞)

「한 줄기에 예닐곱 송이가 피며 향이 적은 것이 혜(蕙)다」라고 황산곡(黃山谷)은 말했다. 한 종류를 지칭하지 않고 일경다화(一莖多花) 성인 난을 통틀어서 혜(蕙)라 부르고 있다. 그러나 오늘날에 와서는 잎이 넓고 크며 무늬가 들어 있는 난을 혜란이라고 부르고 있다.

광엽계의 혜란은 대만보세, 중국보세, 대명란이 있고 세엽계는 옥화란, 소심란, 건란, 고금륜을 총합하여 혜란이라 부른다. 중국 푸젠성(福建省), 광동성(廣東省)과 대만이 주산지이다. 일본에는 야꾸시마(屋久島)와 그 인근 섬에서 약간 자생하고 있다고 전한다.

춘란감상에서 본 바와 같이 재배하는 일이나 관상하는 난의 도(道)는 깊고 깊어서 혜란에서는 또 다른 느낌을 받게 된다. 사계절 푸르게 멋을 풍기는 그 자태에 가까이 하려는 생각이 깊고 헤아릴 수 없는 느낌의 철학을 얻는 것 같기도 하다.

어떤 이는 혜란의 취미는 "動"이고 꽃을 보는 취미는 "靜"의 경지라고까지 표현하여 또 다른 마음의 세계가 있음을 발견하게 된다.

따라서 재배, 관상 등 난의 도(道)는 점점 더 깊어서 쉽게 마음 깊이 터득할 수가 없다.

혜란은 반(斑)이나 호(縞)의 미묘한 변화를 관상하는 것이다. 새 싹이 돋을 때 무늬를 가지고 태어나든지 아니면 크게 자라서 어떤 무늬가 이루어지는지를 관찰한다. 또 상상을 해보는 것도 매우 즐거운 일이며, 일 년 내내 특색을 가지고 있어 그 즐거운 감정을 글과 말로서는 표현하기 어렵다.

신아가 조금씩 성장하면서 처음은 무늬가 선명하지 않지만 그 변화되는 과정을 애란인들은 애착을 갖게 되는 것이다.

봄비와 여름 장마를 거치는 동안 자식을 기르듯이 사랑하는 감정으로 재배하여 가을에 훌륭히 성장한 것을 보는 즐거움은 어디에 비교 안될 만큼 크고 가슴 뿌듯한 일이며 위로가 된다. 뿐만 아니라 새해를 맞는 들뜬 분위기 속에 날씨는 찬기가 젖어 들어 고요한 가운데 신장된 꽃대에서 집안이 가득하게 서리는 향(香)은 혜란을 한층 여유로운 자태로 들어내 보인다.

19세기 초에 중국 광엽계 혜란이 출현하여 차츰 품종이 많아졌다. 일본은 19세기 말에서 20세기 초에 이르면서 많은 혜란애호가들이 늘었다. 1930년대에는 세엽계의 전성기를 이룰 만큼 번창했다.

2차 대전 후로는 대만 보세가 다양하게 변화를 보여 큰 인기를 모으고 있다. 대만보세는 잎은 넓고 살이 얇아서 크게 늘어지는 성질이 있고 중국보세는 잎이 넓고 살이 두터워 반립성으로 대만보세에 비해 한층 남성적인 기질을 볼 수가 있다. 꽃대는 길게 신장되어 우람하고 자홍색과 녹갈색의 작은 꽃들을 여러 개 달고 1~3월 까지 개화하며 진한 향을 풍기는 난이다.

특히 엽예품에 있어서는 무늬가 선명하거나 그렇지 않은 것은 채광에 많은 영향을 받으므로 주의를 요한다.

혜란의 취미는 늘 푸른잎과 잎의 무늬에 있으므로 조그마한 실수에도 흠이 생길 수 있어 세심한 배려가 요구된다.

똑같은 재료로 음식을 만들어도 만드는 사람에 따라 맛의 차이가 있듯이 재배자의 개성에 따라 무늬의 발현이나 화색의 청탁이 다르게 됨을 유념할 필요가 있다.

중국 혜란은 중국보세 중의 유일한 상원황(桑原晃)으로 보기 드물게 잎에 호(縞)무늬가 깊게 들어있다. 힘 있게 솟은 잎은 남성적 기상으로 많은 사랑을 받고 있는 호(縞)의 대표 품종(品種)이다.

대만 혜란을 대표할만한 대훈(大勳)은 손톱무늬가 깊게 들어있다. 녹색이 밝으며 표면도 매끄러워 선명한 무늬와 함께 쭉 뻗은 잎은 시원스럽다. 이 호(縞)무늬에 반(斑)이 섞이면 대훈반호(大勳斑縞)라 하여 크게 평가되고 있다. 대만 혜란의 또 다른 명품인 애국(愛國)은 대엽성으로 늘어진 곡선이 큰 잎에 걸맞게 품위가 돋보인다.

폭넓은 잎에 짙은 녹색 모자를 쓰고 청태반(青苔斑)이 엷게 들어 백중반(白中斑)이나 중투 무늬가 아름다운 혜란(蕙蘭)이다.

대명란의 금화산(金華山)은 넓은 잎이 약간 뒤틀리면서 시원스럽게 뻗어있다. 잎 끝에는 손톱 모양의 조(爪)무늬가 들어 많은 사람들의 사랑을 받는 품종이다.

금화산(金華山)은 부용전(芙蓉殿), 금봉금(金鳳錦), 태양(太陽), 학지화(鶴之華) 등 화려한 엽예품의 모주가 된 품종이다.

호(縞)무늬는 잎의 끝으로부터 엽맥을 따라 여러 줄이 평행하게 그어지는 듯 들어있는 것을 말한다. 줄이 흰색이면 백호(白縞), 황색이면 황호(黃縞), 황색이 넓어 녹색선이 쳐진 것 같이 보이면 감호(紺縞)라고 한다.

반(斑)무늬는 녹색 잎에 가늘고 짧게 끊어진 줄무늬가 들어 있는 것을 말한다. 반(斑)무늬가 산재해 있으면 산반(散斑)이라 하고 잎 끝에 있으면 선반(先斑), 중간에 들면 중반(中斑), 잎 전체에 짧게 호(縞)와 비슷하게 줄을 이루고 있으면 반호(斑縞)라 하여 구분한다.

상원황(桑原晃)

19세기에 출현한 이 혜(蕙)는 진한 녹색 바탕에 백황(白黃)의 호(縞)가 들어 있다. 잎 폭이 넓고 힘 있게 치솟은 기상은 남성적인 느낌을 받는 혜(蕙)로서 중국보세 대표적인 호의 품종이다. 대만보세에 비해 잎이 두텁고 반입성이어서 힘이 있어 보인다. 꽃대도 굵고 높게 뻗어 여러 개의 꽃을 달고 있으며 향도 진하다.

대훈(大勳)

대만혜란을 대표하는 품종이다. 손톱무늬(爪縞)가 얕게 든 것에서부터 깊게 든 것과 대훈반호(大勳斑縞)까지 다양한 무늬를 선보이고 있다. 표면이 매끄럽고 광택이 흐르며 무늬가 선명하다. 쭉 뻗은 잎은 시원스러운 느낌을 준다. 중국보세에 비해 잎살이 얇아서 늘어지는 성질이 있다. 새싹이 출아하면서부터 무늬가 서서히 드러나는 모습은 혜란만의 멋이라 여겨진다.

금화산(金華山)

대명란의 대표품종으로 넓은 잎은 끝에 황호(黃縞)가 들었다. 잎이 살짝 뒤틀리면서 뻗은 모습은 아리랑을 연상케 하며 우람하고 시원스럽다. 꽃대도 여러 개 솟아올라 잎과 잘 어울리며 진한 향기는 많은 사람들의 사랑을 받는다. 부용전(芙蓉殿), 학지화(鶴之華), 태양(太陽), 금봉금(金鳳錦)같은 화려한 엽예품을 낳은 모주(母株)가 되기도 하였다.

(한국난협회 창립 30주년 전시회 大賞 수상작품. 수상자 성기억)

소란(小蘭)

중국 중남부가 원산지인 이 혜(蕙)는 희란(姬蘭) 또는 왕소양(王小孃)이라 불려 지기도 한다. 잎이 가늘고 늘어지며 신아는 붉고 거치는 약하다. 잎의 유선(流線)이 꽃과 어우러져 멋이 있는 가을 풍경을 재현하는 느낌이다. 가냘픈 꽃대에 네다섯 개의 꽃이 달린다. 꽃은 엷은 녹백(綠白) 바탕에 홍자색의 호(縞)가 있다. 잔잔한 향은 끊어질 듯 이어진다.

소심란(素心蘭)

소심의 표준은 주판과 부판이 백(白)에 가까운 엷은 녹색 또는 엷은 비취색이다. 설판은 순백 또는 백태소인 꽃으로 추란(秋蘭)을 대표한다. 관음소심(觀音素心), 대둔소심(大屯), 용암소심(龍岩), 등이 있고 봉황의 꼬리를 닮아 봉미소심(鳳尾素心)이라 이름붙인 소심도 있다. 소화계(小花系)는 한일자피기가 많다. 잎은 세엽으로 광택이 흐르는 중수성이다.

옥화란(玉花蘭)

중국원산의 자란에 유사한 종류로 잎 끝에 백색의 조복륜이 걸쳐 있다. 가끔 무지엽도 있는데 그것을 청옥화(靑玉花)라 부르기도 하는데 꽃은 동일하다. 꽃은 엷은 황색을 띠고 탁한 홍색의 화근(花筋)이 있으며 웅란보다는 품격이 떨어진다. 여름철(7~9월)에 일경다화로 꽃을 피며 신선한 향기를 방출한다. 배양에 어려움이 없어 누구나 잘기를 수 있는 난으로 세엽혜란이며 거치가 있으나 약하다.

■ 參考文獻

1. 東洋蘭의 實體와 그 이미지 - 林英茂
2. 蘭華譜 上 中 下 - 小原榮次郎著
3. 東洋蘭譜 - 笠山三次, 永野芳夫
4. 東洋蘭譜 - 黑崎陽人(樹石社)
5. 東洋蘭譜 - 白榮官編著(전원문화사)
6. 東洋蘭 - 樹石社(東洋蘭編集委員會)
7. 東洋蘭 - Garden Life(誠文堂 新光社)
8. 東洋蘭栽培와 鑑賞 - 金琪容
9. 春蘭 - 大榮浩(贊花園), 平野綏 保育社
10. 原色日本蘭 - 前川文夫(誠文堂)
11. 韓國春蘭 - 蘭과 生活社
12. 東洋蘭花의 名品集 - 平見和士(壽樂園)
13. 韓國病理學會論文 - 羅容俊(전서울대교수)
14. 寒蘭鑑賞 - 韓國蘭協會會報
15. 蕙蘭 - 平見和士(壽樂園)
16. Cymbidium의 영리재배 - 金奉哲
17. 洋蘭(觀賞 및 栽培) - 服部慶俊, 狩野那雄 共著
18. ORCHIDE for Everyone - Salamander Books
19. Understanding ORCHIDS - William Cullina
20. Botanical's ORCHIDS - Laurel Glen
21. The Orchid Thief - Su San Orlean

Publishing how to cultivate and appreciate the oriental orchid...

There had been similar interest in taking care of orchids in the East and the West. There were, however, some degrees of differences in choosing preferred kinds of orchids possibly due to cultural and geographic reasons.

Today we see that there have been active international communication and standardization among countries in how to develop in new species out of existing ones. Therefore the whole world seems to be in a quite similar manner in caring and enjoying the orchids.

In the East, since 13th century, mini cymbidium called Choon-Ran (spring orchid) has been the choice orchid in some countries like Korea, China, Taiwan, and Japan because of similar cultures and trading environments. Also other mini cymbidiums called Han-Ran and Bosei have been among the popular choices as life partners for many hobbyists. Because of these reasons and histories it has been more than 30 years for me to celebrate in cultivating and taking care of Dongyang-Ran (oriental orchid; mini cymbidium) as a serious hobbyist.

There is a saying in Korea that "You will enjoy it as much as you know of." This book was designed and published for those who are interested in mini cymbidium and want to know how to cultivate effectively. There are detailed records on mini cymbidium features and explanation on kinds of mini cymbidiums along with their family trees to help readers get appreciated of beauty of mini cymbidiums.

It seems that many people might show more interests and get attracted at charms of mini cymbidium called Dongyang-Ran in the near future because the world culture now may be in more active harmonization for diversity and prosperous communication.

Ki-Eok Sung

■ Author's Profile

Born in Hwanam Youngcheon City Kyungbook, Korea.
Graduated at San dong middle & high school.
Graduated at Joongang University, majored in business management.
Entered Byucsan company Group.
Established Dae Yang Company.
Entered Korea Orchid Society.
Became the member of board of directors at Korea Orchid Socety.
Became the chairman of oriental orchid, Korea Orchid Society.
Became the secretary general at Korea Orchid Society.
Became the vice chairman at Korea Orchid Society.
Became the consultant at Korea Orchid Society.

저자 성기억(成基億)

- 호 경파(景波)
- 경북 영천시 화남 출생
- 산동중·고등학교 졸업
- 중앙대학교 상학과 졸업
- 벽산그룹입사
- 대양계기상사설립
- 한국난협회 입회
- 한국난협회 이사
- 한국난협회 동양란위원장
- 한국난협회 사무국장
- 한국난협회 부회장
- 한국난협회 자문위원

동양란 배양과 감상

초판 1쇄 2013년 12월 10일
초판 3쇄 2024년 01월 25일
지은이 성 기 억
펴낸이 권 호 순
펴낸곳 시간의물레
주　　소 경기도 파주시 숲속노을로 150 708-701
전　　화 031-945-3867
팩　　스 031-945-3868
전자우편 timeofr@naver.com
블 로 그 http://blog.naver.com/mulretime
홈페이지 http://www.mulretime.com
I S B N 978-89-6511-071-2 (93480)
정　 가 20,000원

* 사진 이용을 허락해주신《月刊 蘭과 生活》사에 감사드립니다.
* 이 책의 사진 및 글의 무단 복제 및 이용을 금지합니다.
* 잘못된 책은 바꿔드립니다.